Ich ging durch die Hölle

Die Drucklegung dieses Buches wurde
von der Stiftung Südtiroler Sparkasse gefördert.

Umschlaggestaltung: Athesiagrafik, Marion Prossliner
Gestaltung und Layout: Ulrike Teutsch und Erwin Kohl
Gesamtherstellung: Athesiadruck, Bozen
Fotos: Luciano Della Pietra (mit Ausnahme der Fotos
auf den Seiten 18, 19, 21, 35, 46, 53 und 66)

ISBN 88-8266-252-7

www.athesiabuch.it
buchverlag@athesia.it

KONRAD FISSNEIDER

Ich ging durch die Hölle

Die erschütternde Geschichte eines Drogenabhängigen

VERLAGSANSTALT ATHESIA | BOZEN

INHALTSÜBERSICHT

Vorwort

Ich sitze zu Hause in meinem Arbeitszimmer am Schreibtisch, starre auf den leeren Bildschirm des Computers und denke nach, wie ich mit meinem Buch beginnen soll. Ich habe große Bedenken, dieses Buch der Öffentlichkeit zugänglich zu machen, denn ich bin ja kein Schriftsteller, habe keine Erfahrung, und mir sind die Grenzen auf diesem Gebiet durchaus bewusst.

Den Antrieb, dieses Buch zu schreiben, gaben mir eigentlich die Zuhörer, die mich bei meinen Vorträgen in ganz Südtirol gehört haben. Mir wurde in den vergangenen Jahren bei den Vorträgen immer wieder gesagt, ich solle ein Buch über mein Leben schreiben, denn so könnte ich Drogenabhängigen und deren Angehörigen helfen. Außerdem könnte ein solches Buch vorbeugend wirken und für viele Menschen hilfreich sein. Auch verschiedene Fachleute in der Suchtprävention, Ärzte und Betreuer, die in der Jugendarbeit tätig sind und mit denen ich darüber gesprochen habe, fänden es wichtig, wenn ein solches Buch erscheinen würde.

Am Anfang war ich sehr skeptisch und unsicher und stand vor einer großen Herausforderung und Entscheidung, vor der ich Angst hatte. Ich habe viel darüber nachgedacht, wenn ich nach meinen Vorträgen allein war, und es kamen mir immer wieder all die Fragen in Erinnerung, die mir dort die Zuhörerinnen und Zuhörer gestellt haben.

Ich ließ meine Vergangenheit wie einen Film in meinem Kopf Revue passieren. Die vielen Gedanken und Erinnerungen und die psychischen Belastungen, die mich am Beginn quälten, waren schwer. Wie und was soll ich schreiben? Wie soll ich den Inhalt des Buches gestalten? Welche Fotos sollen gezeigt werden? Wie soll denn der Buchtitel lauten? Wer wird mir dabei helfen? Was werden die Leute über mich denken, wenn sie dieses Buch gelesen haben? Aber

vor allem, was werden wohl meine Kinder zu diesem Buch sagen, wenn sie es einmal verstehen und begreifen werden? Deshalb habe ich mit ihnen über meine Vergangenheit viel gesprochen.
Alle diese Gedanken und Fragen überfielen mich und ließen mich nicht mehr zur Ruhe kommen. Nach langen Überlegungen und reichlichem Nachdenken habe ich mich dann doch entschlossen, meine Lebensgeschichte in einem Buch aufzuzeichnen.

KONRAD FISSNEIDER

Zu diesem Buch

Dieses Buch soll ein außergewöhnlicher und spannender Rückblick über mein Leben werden und ist für Menschen aller Altersgruppen gedacht. Es soll zum Nachdenken anregen, und ich verzichte bewusst auf fachliche und schwer verständliche Ausdrücke, damit es jeder leicht lesen und verstehen kann.

Es sind wahre und erschütternde Geschichten aus meinem Leben, von der Kindheit angefangen bis heute. Wenn ich heute meine Gedanken und Gefühle, die in mir so viele traurige und negative Erinnerungen wecken, aufschreibe, so möchte ich vor allem Jugendliche davor bewahren, dasselbe Schicksal zu erleben. Aus meiner fünfzehnjährigen Erfahrung mit Alkohol, Medikamenten und Drogen möchte ich allen Hoffnung geben, die ähnliche Schwierigkeiten und Probleme haben, und möchte alle ermutigen, Drogen nicht als Problemlöser zu sehen, sondern so früh wie möglich Hilfe aufzusuchen.

Ich werde und kann mit diesem Buch sicher nicht die Welt ändern und auch nicht das Drogenproblem lösen. Ich möchte die Leser auf all die Gefahren und Schwierigkeiten einer Drogensucht hinweisen und aufzeigen, was auf sie zukäme, wenn sie in diesen Teufelskreis geraten würden. Außerdem möchte ich ihnen Hoffnung geben, dass es Möglichkeiten gibt, aus einem jahrelangen drogenabhängigen Leben wieder in ein normal bürgerliches Leben zurückzufinden.

Ohne Hilfe und Unterstützung meiner Eltern und Geschwister, der ehemaligen Schulkameraden, Volks- und Mittelschullehrer, Arbeitgeber und Mitarbeiter, der Ordnungshüter und Ärzte hätte ich dieses Buch nie so schreiben können. Ich habe deshalb alle diese Personen aufgesucht, von denen ich manche jahrelang und auch jahrzehntelang nicht mehr gesehen habe. Sie waren es, die

mir durch lange Gespräche viele Erinnerungen wiedergaben, mir Dokumente und Unterlagen aus der damaligen Zeit zur Verfügung stellten, an die ich mich nicht mehr so genau erinnern konnte.
Auch bin ich zu den Orten und Plätzen meiner Vergangenheit zurückgekehrt, wo meine Sucht begonnen hat. Ich habe mich dabei in die damalige Zeit zurückversetzt gefühlt, als wäre es erst gestern gewesen. Oft habe ich schlaflose Nächte verbracht und habe mir Erlebnisse und Gedanken aus der Vergangenheit aufgeschrieben. Dieses Buch ist für mich in gewissen Phasen eine noch intensivere Aufarbeitung meiner Vergangenheit, als ich es in der Therapiegemeinschaft erlebt habe, und ich habe ungeheuer viel Energie für dieses Buch aufgewendet.

Herkunft und Umwelt

Meine Eltern

Meine Eltern sind arbeitsame und fleißige Menschen. Sie haben immer gut auf uns Kinder geschaut, wir haben nie Hunger leiden müssen und bekamen von ihnen alles Notwendige, was es zum Leben braucht. Gemeinsam haben sie mit großem Einsatz ein Eigenheim geschaffen, damit es uns Kindern besser gehe.

Mein Vater, geboren 1926, war ein strenger, aber gerechter Mann. Wir alle hatten es nicht immer leicht mit ihm; er hat uns Kinder auf autoritäre Weise erzogen. Sein autoritärer Erziehungsstil hat mir oft Angst gemacht. Ich kann ihn heute aber verstehen, denn er hatte es in seiner Kindheit und Jugend auch nicht immer leicht gehabt. Er war ein fürsorglicher Vater, konnte aber die Liebe zu uns Kindern nicht so weitergeben, wie wir sie von der Mutter bekommen haben. Er hat für die Familie immer gesorgt, es hat an nichts gefehlt, und ich hatte mit ihm viele schöne Gemeinsamkeiten, die mir mein ganzes Leben in Erinnerung bleiben werden.

Im Gegensatz zu meinem Vater war meine Mutter, geboren 1930, niemals streng, sondern eine aufopfernde und vor allem liebe, herzensgute Mutter. Sie wusste, wie man mit Kindern umgehen soll. Sie hat uns Kindern sehr viel Zuwendung und Geborgenheit gegeben und ist heute noch eine bewundernswerte Frau. Ich habe zu ihr ein sehr tiefes Vertrauen, das ich als Abhängiger leider oft schamlos ausgenutzt habe. Aber sie war eigentlich meine Stütze, und sie gab niemals auf.

Meine Geschwister

Zu meinen Geschwistern, die alle zwischen 1958 und 1971 geboren wurden, hatte ich von klein auf schon immer ein gutes Verhältnis. Sie haben mich während meiner Abhängigkeit nie fallen gelassen und haben mich unterstützt, von

Mein Elternhaus. Hier verbrachte ich meine Kindheit und Jugend.

meiner Drogensucht loszukommen. Sie gaben den Eltern Kraft und Hoffnung in dieser schrecklichen Zeit. Niemand von ihnen hat jemals zu einer Droge gegriffen. Alle führen ein anständiges und normales Leben und haben einen Beruf erlernt. Jeder von ihnen hat eine Familie gegründet, und alle sind glückliche Eltern geworden.

Die Familie

Ich muss meinen Eltern hohe Anerkennung dafür aussprechen, dass sie es geschafft haben, eine so zahlreiche Familie zusammenzuhalten, die sich auch heute noch untereinander gut versteht. Dies ist einmalig in der heutigen Zeit, in der sich sonst so viele Familien auseinander leben.
Die ganze Familie hat unter meiner Abhängigkeit stark gelitten und musste einen jahrelangen, schweren Kampf durchstehen. Sie ist durch mein Leben oft in schwierige Si-

tuationen gekommen und war manchmal der Verzweiflung nahe. Alle haben viel Leid ertragen und sind durch diese Erfahrungen zu einer starken Gemeinschaft zusammengewachsen und reifer geworden. Uns kann heute nichts mehr auseinander bringen. Wenn einer von uns Probleme oder Schwierigkeiten hat, sind wir alle zur Stelle und helfen uns gegenseitig.

Mit meiner Familie stehe ich heute in sehr enger und tiefer Verbindung, und sie bedeutet mir sehr viel. Es vergeht auch kein Tag, an dem ich meine Eltern oder eines meiner Geschwister nicht sehe oder an dem wir nicht miteinander telefonieren. Wenn ich zu Hause bei meinen Eltern oder bei meinen Geschwistern bin, habe ich das Gefühl der Geborgenheit. Ich bin meiner Familie dankbar dafür, dass sie mir in meiner Abhängigkeit immer so nahe stand und mich in dieser schwierigen Zeit nie aufgegeben hat. Hätte ich nicht meine Familie hinter mir gehabt, dann wäre ich heute vielleicht nicht mehr am Leben.

ERSTES KAPITEL

Kindheit und Jugend

Die Kindheit

Am Sonntag, dem 8. September 1957, erblickte ich als ältestes von sieben Kindern das Licht der Welt. Meine Eltern hatten es nicht immer leicht mit mir. Ich war schon von Anfang an ein lebhaftes, aber unsicheres Kind. Bis zu meinem vierten Lebensjahr mussten meine Eltern mich öfters ins Krankenhaus bringen, weil ich mich beim Spielen verletzt hatte. Dreimal innerhalb von drei Jahren musste ich am Kinn an derselben Stelle genäht werden.

Mit 21 Monaten Schädelbasisbruch

Das schwerste Unglück geschah jedoch 1959 bei meiner Oma am Bauernhof während der Heuernte. Mein Vater arbeitete auf dem Feld, und ich war mit meiner Mutter in der Küche. Ich entfernte mich in einem unbeaufsichtigten Augenblick und lief auf den Balkon. Am Balkon fehlte eine Holzlatte, und ich schaute zu den Hühnern hinunter. Ich verlor das Gleichgewicht und stürzte acht Meter in die Tiefe. Die Folgen waren schrecklich; ich blieb bewusstlos zwischen zwei Steinen liegen. Der inzwischen benachrichtigte Vater und sein Freund brachten mich mit dem Motorrad ins Krankenhaus nach Brixen. Die Ärzte stellten einen Schädelbasisbruch und eine schwere Gehirnerschütterung fest. Ich lag vier Tage im Koma. Täglich waren meine Eltern bei mir und haben gehofft, dass ich am Leben bleibe. Meine Mutter erzählte mir einmal, dass viele Leute meinten, ich würde geistig behindert bleiben, falls ich überleben sollte. Aber am sechsten Tag öffnete ich die

Mein erstes Foto, 1959

Sommerfrische in Feldthurns, 1960

Augen und sagte: »Mama.« Nach drei Wochen konnte ich das Krankenhaus verlassen und mit meinen überglücklichen Eltern nach Hause fahren. Durch die Verletzung wurde meine Schädeldecke im Bereich der vorderen Fontanelle deformiert, und es kam zu einer verstärkten Knochenneubildung in diesem Bereich. Zurückgeblieben ist eine große, unschöne Beule.

Vier Jahre lang besuchte ich den Kindergarten und wurde wegen der Folgen des Schädelbasisbruchs erst mit sieben Jahren eingeschult. Ungern bin ich in den Kindergarten gegangen und wäre viel lieber bei der Mutter zu Hause geblieben. Ich war ein sehr anhängliches Kind, das immer die Nähe der Eltern gesucht hat.

In den letzten Jahren hat die Familie zweimal Zuwachs bekommen, und die Wohnung wurde für eine fünfköpfige Familie zu klein. Wir sind dann im Oktober 1963 von der Stadt in unser neues Haus mit großem Garten umgezogen. In dieser wundervollen Gegend, an der damals noch keine Autobahn vorbeiführte und wo man die Natur noch in voller Schönheit genießen konnte, standen andere Häuser und

auch ein Bauernhof, der ungefähr fünfzig Meter von unserem Haus entfernt war. Die Bauersleute hatten viele Kinder. Täglich war ich mit andern Kindern aus der Nachbarschaft auf dem Hof und lernte dort das Leben und Verhalten der verschiedenen Tiere kennen. Ich glaube, dass meine heutige Liebe zur Natur dort entstanden ist. Wir haben gespielt, gestritten und uns die Haare ausgerissen. Oft sind Tränen geflossen, aber zum Schluss haben wir uns immer versöhnt. Manchmal träume ich heute noch von diesem Bauernhof und wie schön es damals war.
Als Mitte der sechziger Jahre mit dem Bau der Brennerautobahn begonnen wurde, änderte sich alles. Einige Familien mussten wegziehen, weil ihre Häuser abgerissen wurden. Auch der Bauernhof musste Platz machen. Die Freiheit und der Spielraum wurden drastisch eingeschränkt. Wir Kinder hatten die vielen Tiere nicht mehr und wurden getrennt. Das tat weh. Die Erinnerung an diese glückliche Zeit ist etwas Einmaliges und Schönes.

Ich, das ängstliche Kind: meine Unsicherheiten und Ängste

Schon als Kind habe ich mich im Gespräch nie richtig ausdrücken können und zeigte große Unsicherheiten. Ich war ein ängstliches und labiles Kind. Ich hatte wenig Selbstvertrauen und glaubte, die anderen könnten alles besser. Wegen dieser Minderwertigkeitskomplexe konnte ich mich bei andern Kindern nur selten durchsetzen und war unfähig, beim Spielen Entscheidungen zu treffen. Schwierigere Aufgaben konnte ich nie allein lösen, weil ich Angst hatte, etwas falsch zu machen. Ich brauchte immer Bestätigungen. Beim Spielen habe ich mich oft ausgeschlossen und allein gelassen gefühlt. Oft haben sich Kinder über mich lustig gemacht, und ich bin wegen meiner Unsicherheit gehänselt worden. Ich hatte wenig Durchsetzungsvermögen, war leicht verletzbar und ließ viel über mich ergehen. Oft war mir zum Heulen zumute, und ich konnte meine Gefühle nicht zeigen, weil ich Angst hatte, ausgelacht zu werden. Lieber schluckte ich die Tränen hinunter. Mit anderen Kindern konnte ich Konflikte nie richtig lösen, weil mir dazu der Mut fehlte. Diese Ängste und Unsicherheiten begleiteten mich bis zum Therapiebeginn im Jahr 1984.

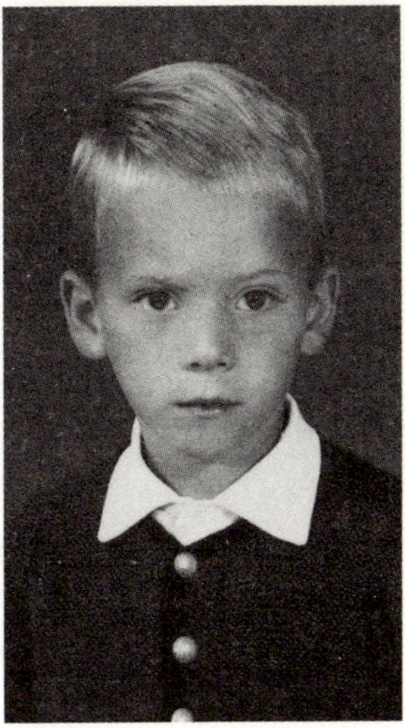
Im Kindergarten, 1963

Nochmals: mein Vater

Warum ich so unsicher und ängstlich geworden bin, lag nicht nur allein bei mir. Wie ich unter »Meine Familie« geschrieben habe, war mein Vater ein strenger, aber gerechter Mann. Seine strenge Erziehung hat mir oft Angst gemacht, weil es auch Schläge und Strafen gegeben hat. Mein Vater wollte aus uns Kindern immer nur das Beste machen. Er war überzeugt, dass sein Erziehungsstil der richtige sei, weil er selbst streng erzogen worden war. Ich erinnere mich, wie ich mir oft Zuwendung und Zärtlichkeit vom Vater wünschte. Aber er konnte seine Gefühle und seine Zuneigung zu mir nicht so zeigen. Gerade diese Zuneigung von ihm hat mir oft gefehlt. Sicher war der strenge Erziehungsstil meines Vaters nicht richtig. Das heißt aber nicht, dass er an allem schuld war oder auch daran, dass ich ein ängstliches Kind wurde. Dann hätten auch meine Geschwister ängstlich und drogenabhängig werden müssen. Es waren eben auch andere Gründe ausschlaggebend dafür.

Ab dem achten Lebensjahr musste ich in den Sommermonaten meistens arbeiten. Ich konnte nicht in die Ferien fahren, wie es andere Kinder taten. Nur einmal, mit zehn oder elf Jahren, durfte ich in eine Ferienkolonie an die Adria. Meine Eltern waren überzeugt, dass die Arbeit und die gute Luft im Gebirge die richtige Sommerfrische für mich seien. Sie ahnten nicht, wie sehr ich darunter gelitten habe.

Der Abschied

Zwischen meinem achten und elften Lebensjahr musste ich im Sommer für rund zwei Monate zu Bekannten auf verschiedene Bauernhöfe im Eisack- und im Pustertal. Jeder Abschied von meinen Eltern hat mir unheimlich weh getan. Ich konnte nicht verstehen, warum ich im Sommer immer von zu Hause wegmusste. Ich wollte doch bei meiner Familie bleiben. Ich kann mich erinnern, wie schmerzlich der Abschied von daheim war, bevor ich den zweistündigen Fußmarsch zum Bauernhof antreten musste. Während des Gehens drehte ich mich immer wieder um. Teils ging ich rückwärts und sah, wie das Elternhaus immer kleiner wurde. Dann bekam ich Weinkrämpfe, als ich das Elternhaus nicht mehr sah. Ich hatte das Gefühl, nicht geliebt zu werden.

Auf den Bauernhöfen

Ich musste oft von der Frühe bis zum Abend arbeiten. Schon früh am Morgen musste ich mit dem Bauern aufs Feld, und seine Strenge hat mir Angst gemacht. Zorn und Hass stiegen in mir auf, weil ich so viel arbeiten musste. Ich war eine billige Hilfskraft, mit der man machen konnte, was man wollte. Ich wurde regelrecht ausgenutzt und zur Kinderarbeit missbraucht. Ich hatte keinen Mut, mit jemandem über meine Ängste und Gefühle zu sprechen. Ich war Hirte, Stallknecht und Fütterer zugleich. Alles, was mir gesagt wurde, machte ich. Sogar schwere Wasserrohre für die Bewässerung auf den steilen Hängen musste ich tragen. Das wäre auch für einen Erwachsenen Schwerstarbeit gewesen. Ich widersetzte mich nie, weil ich Angst hatte, dass ich Schläge bekäme. Allein musste ich in einer Dachkammer schlafen, und es kam sogar einmal vor, dass ich bei einem schweren Gewitter allein auf einer Alm war. Man kann sich nicht vorstellen, welche Angst ich damals als Neunjähriger auf der Almhütte aushalten musste. Ich erinnere mich, wie ich im Dachboden zu Gott gebetet habe: »Bitte nimm mir meine Angst und sorge dafür, dass mich endlich meine Eltern abholen.« Im Freien habe ich oft geweint, weil ich sehr traurig war und Heimweh hatte. Ich habe viel mit den Tieren gesprochen. Es war sogar einmal eine Kuh darunter, die mich besonders gern mochte. Ich gab ihr oft Würfelzucker, und sie kam immer zu mir, wenn sie mich sah. Es ist eine Freundschaft zwischen uns entstanden, und manchmal konnte ich sogar auf ihrem Rücken sitzen. Bei dieser Kuh habe ich dann das Heimweh und alle meine Sorgen fast vergessen.

Während ich auf der Weide war, baute ich mir immer wieder Luftschlösser und dachte, wie schön es jetzt wäre, zu Hause zu sein. In meinen Gedanken suchte ich ständig nach Möglichkeiten, wie ich nach Hause kommen könnte. Dann passierte es an einem Nachmittag: Ich spielte im Stadel mit einer Schachtel Zündhölzer und zündete einen Heuballen an. In diesem Moment wurde mir bewusst, was ich angestellt hatte. Ich rief sofort den Bauern, der das Feuer schnell löschte. Es hätte schlimm enden können, wenn ich nicht gleich um Hilfe gerufen hätte. Noch am selben Tag wurden meine Eltern verständigt, dass sie mich abholen sollten, weil der Bauer mich nicht mehr haben wollte. Ich hätte wegen dieses Vorfalls von meinem Vater Prügel bekommen, wenn nicht meine Mutter energisch eingegrif-

fen hätte. Aber schließlich war ich froh, dass ich bei meiner Familie sein konnte. In den darauf folgenden Jahren schickte mich mein Vater nicht mehr zu Bauern, sondern ich habe in einer Gärtnerei und in einem Gasthaus gearbeitet.
So wie ich mussten auch meine Geschwister und andere Kinder in den Sommerferien Bauernarbeit verrichten. Aber niemand von ihnen hat später einen solchen Weg eingeschlagen, wie ich ihn gegangen bin.

Meine ersten Zigaretten

Oft genügt nur eine einzige Zigarette, um einen Menschen süchtig zu machen. Und diese einzige Zigarette war auch Grund genug, dass ich Raucher geworden bin. Dumm war ich, und ich bereue es heute zutiefst, als ich mit zirka zehn Jahren angefangen habe zu rauchen. Ich konnte in dieser Zeit nicht ahnen, dass diese Zigarette der Anfang einer über dreißigjährigen Nikotinabhängigkeit war. Ich wusste noch nichts über die Gesundheitsrisiken, Gefahren und Folgen der Nikotinsucht.
Ich kann keinen vernünftigen Grund nennen, warum ich damals rauchte, denn es bestand überhaupt kein Bedürfnis. Es war nur Neugierde, Angeberei und Unsicherheit. Wenn ich zurückblicke, wollte ich mit der Zigarette Aufmerksamkeit erwecken und mich erwachsen zeigen. Außerdem hatte ich ein negatives Selbstbild und hätte mich unter den anderen nicht wohl gefühlt, wenn ich nicht geraucht hätte.
Alles hat so harmlos in den sechziger Jahren begonnen, als ich im Sommer auf einem Bauernhof arbeiten musste. Ich habe den Knecht öfters beim Rauchen beobachtet und bat ihn einmal, ob er mich einige Züge machen lasse. Daraufhin haben wir dann eine Zigarette zusammen auf dem Söller geraucht. Beim Inhalieren bekam ich ein Schwindelgefühl, das ich als sehr angenehm empfunden habe. Um

diesen angenehmen Zustand wieder zu erleben, habe ich den Knecht öfters gebeten, mir Zigaretten zu geben.
Aus dem kleinen Genuss wurde eine Gewohnheit, und an die Wirkung von Nikotin habe ich mich schnell gewöhnt. Ich wurde nikotinabhängig und rauchte heimlich zu Hause, in der Schulzeit während der Pause, und es kam soweit, dass ich Soldaten auf der Straße um Zigaretten gefragt habe, weil ich kein Geld hatte. Meinem Vater, der in dieser Zeit selbst Raucher war, habe ich öfters Zigaretten gestohlen und habe sie dann mit Freunden geraucht. Ich fand es »cool«, wenn ich Zigaretten unter Jugendlichen verteilen konnte. Von der Nikotinsucht konnte ich mich nicht mehr befreien und rauchte immer mehr.
In der Zeit der Drogenabhängigkeit habe ich viel geraucht; wie viel es war, kann ich heute nicht mehr sagen, aber eine Packung täglich ist es immer gewesen. Ab 1984, als ich bei LA STRADA – DER WEG das Therapieprogramm begann, habe ich angefangen, meinen Zigarettenkonsum zu kontrollieren.
Ich habe mich intensiv mit meiner Nikotinsucht auseinander gesetzt, weil mich immer wieder Leute gefragt haben, warum ich überhaupt rauche, wenn ich schon einen solchen Wert auf meine Gesundheit lege. Diese unangenehmen Fragen waren es, die mich zum Nachdenken gebracht haben. Mir wurde bewusst, dass ich meinen Körper rücksichtslos ausbeute und dass ich vielleicht mein Leben verkürzen werde, wenn ich nicht zu rauchen aufhöre. Ich wollte nicht den gefürchteten Lungenkrebs riskieren und habe mich entschlossen, gesundheitsbewusst mit meinem Körper umzugehen und Nichtraucher zu werden. Ich legte mir ein Tagebuch an, worin ich in den letzten vier Jahren meine täglich gerauchten Zigaretten eingetragen habe. Durch diese Methode ist es mir gelungen, meinen Zigarettenkonsum zu reduzieren. Aber geschafft habe

ich es damals noch nicht, von den Zigaretten ganz loszukommen.
Oft habe ich mir die Fragen gestellt: Warum rauche ich überhaupt? Was gibt mir das Rauchen? Bin ich glücklich, wenn ich rauche? Auf all diese Fragen konnte ich mir nie eine klare Antwort geben und rechtfertigte mich mit dem Gedanken, dass dies nur mein einziges Laster sei. Aber in Wirklichkeit war ich auf dem besten Weg, meinen Körper zu vergiften. Mir wurde bewusst, dass ich bei jeder Zigarette Krebs auslösende Teerstoffe inhaliere, und ich bekam Angst, dass ich einmal den gefürchteten »schwarzen Fleck« in der Lunge oder andere Krankheiten bekommen könnte. Ich wollte mich nicht mehr ein Leben lang durch den Zigarettenkonsum selbst versklaven.
Dass dies nicht so leicht sein würde, war mir schon im Vorhinein bewusst. Das Schlimmste war die Angst vor dem Aufhören, also keine Zigarette mehr rauchen zu dürfen. Ich hatte Angst, dass bestimmte Situationen nie mehr so angenehm sein würden und dass ich das Leben ohne Zigarette nicht mehr so genießen könne. Ein Leben ohne Zigarette konnte ich mir nicht vorstellen.
Dann kam der Tag, an dem ich meine letzte Zigarette geraucht habe. Es war am Silvesterabend 2002 um 23.45 Uhr. Auf diesen Tag habe ich mich schon Monate vorher bestens vorbereitet und mir zum Vorsatz gemacht, ab diesem Zeitpunkt nie mehr zu rauchen. Die ersten Tage ohne Zigaretten waren unangenehm, weil ich jahrelang immer dasselbe Ritual gewohnt war. Hatte ich Verlangen nach einer Zigarette, versuchte ich nun durch positive Gedanken einen klaren Kopf zu bewahren und gesundheitsbewusst über meinen Körper zu denken. Auf die Verdauungszigarette nach dem Essen zu verzichten war schwer, und ich befürchtete, dass ich es nicht schaffen würde. Aber der Gedanke, dass ich durch weiteres Rauchen mir selbst Schaden

zufüge, half mir darüber hinweg. Außerdem versuchte ich frische und reine Luft tief und bewusst einzuatmen.
Heute empfinde ich ein herrliches Gefühl dabei, es endlich geschafft zu haben, nicht mehr von den Zigaretten abhängig zu sein. Ich kann mit jeder Situation fertig werden, auch wenn unangenehme Dinge passieren, und brauche deshalb nicht mehr nach einer Zigarette zu greifen. Das Leben ohne Zigarette genieße ich viel intensiver und bewusster und freue mich jeden Tag, dass ich mich von diesem Laster befreit habe. Manchmal frage ich mich, wie dumm ich nur sein konnte, so lange geraucht zu haben.

In der Volksschule

Die Grundschule besuchte ich sechs Jahre. Die vierte Klasse musste ich wegen schlechter Leistungen in Deutsch, Geschichte, Erd- und Naturkunde wiederholen. Schon ab der ersten Klasse fiel es mir schwer, mich auf die Lehrfächer zu konzentrieren. Ich hatte außerdem auch nicht immer den Willen mitzuarbeiten, und die Gedanken hatte ich meistens anderswo. Ich war eher ein schwacher Schüler. Meine Minderwertigkeitskomplexe verstärkten sich. Ich fühlte mich oft andern Mitschülern unterlegen, wie ich es schon in der frühen Kindheit beim Spielen erlebt habe.
In diesen sechs Schuljahren hatte ich zwei Lehrerinnen und einen Lehrer. Beide Lehrerinnen waren sehr lieb und korrekt. Aber der Lehrer war gerade das Gegenteil. Ich hatte ihn in der dritten und vierten Klasse. Er war sehr streng mit uns Schülern. Öfters habe ich in die Ecke müssen, wenn ich den Unterricht gestört habe. Ich habe mich neben die Tafel hinstellen oder niederknien und beide Arme waagrecht halten müssen. Er legte mir Kreiden auf die Hände. Wenn nach einiger Zeit eine Kreide herunterfiel, hat er mit dem Stab auf meine Hand geschlagen. Wut und Hass stiegen in mir empor, wenn ich vor allen Mitschülern so dastehen

musste. Ich fühlte mich erniedrigt und gedemütigt. Seine Zornausbrüche haben mir Angst gemacht. Wenn auch andere Schüler diesen Lehrer als gut bezeichnet haben, blieb er für mich doch der zornige und strenge Lehrer.

Meine ersten sexuellen Erfahrungen

Erst ab dem elften Lebensjahr bin ich von meiner Mutter aufgeklärt worden. Vorher wusste ich nicht einmal, woher die Kinder kommen. Wegen meiner Unerfahrenheit bin ich von anderen Kindern gehänselt und ausgelacht worden und habe mich geschämt. Meine ersten sexuellen Erfahrungen habe ich als Kind mit gleichaltrigen Kindern beim »Doktorspielen« gemacht. Anderseits war ich ein frühreifer Junge. Ich hatte schon mit ungefähr elf Jahren (im Schlaf) den ersten Samenerguss, wusste aber nicht, was hier vor sich ging. Als ich ungefähr dreizehn Jahre alt war, verführte mich ein um viele Jahre älteres Mädchen. Wir trafen uns öfters heimlich, und ich konnte Erfahrungen über die Sexualität sammeln. Auch mit gleichaltrigen Mädchen hatte ich später sexuelle Erlebnisse. Diese Begegnungen waren für mich wunderschön.

Sexueller Missbrauch

Ich kann es bis heute nicht begreifen, warum es immer wieder Männer waren, die mich als Lustobjekt benutzten. Ich bin ab meinem vierzehnten Lebensjahr nicht nur von einem Mann missbraucht worden, sondern es haben mehrere dieses abscheuliche Spiel mit mir getrieben. Ich muss gewisse Reize auf sie ausgestrahlt haben, die anziehend wirkten, sonst wäre dies nie möglich gewesen. Meine Ängste und Unsicherheiten taten das Ihre dazu, gewisse Kinderschänder anzulocken.
Was mir in der Jugendzeit durch sexuelle Gewalt angetan wurde, kann nie wieder gutgemacht werden. Ich wurde öf-

ters sexuell missbraucht und einmal vergewaltigt. Ich befand mich in einer unerträglichen Lage und wusste nicht, wem ich davon erzählen sollte. Ich hatte Angst, dass mir nicht geglaubt würde und dass sich meine Peiniger an mir rächen könnten, sollte ich es jemandem erzählen. Außerdem schämte ich mich, dass ich als »Schwuler« beschimpft werden könnte.

Ich bekam Schuldgefühle und ein schlechtes Gewissen, weil ich auch von vertrauten Menschen benutzt und verletzt worden bin. Heute noch leide ich darunter, wie Männer über meinen Körper hergefallen sind, um ihre sexuelle Lust zu befriedigen.

Es war wie in einem Pornofilm. Demütigung und Erniedrigung musste ich über mich ergehen lassen. Ich empfand ein Ohnmachtsgefühl und war in sprachlicher sowie körperlicher Hinsicht meinen Peinigern klar unterlegen. Ich konnte mich nicht wehren. In mir ging viel Vertrauen in die Menschen verloren.

Die Auswirkungen des sexuellen Missbrauchs haben bei mir Spuren hinterlassen. Ich bekam Konzentrationsstörungen und Ängste, wurde aggressiv und gewalttätig. Ich verfiel noch mehr dem Alkohol, worüber später berichtet wird. Ich hatte wenig Vertrauen in meine eigenen Fähigkeiten, und meine Minderwertigkeitskomplexe wurden verstärkt.

Väterlichen Schutz, Sicherheit und Liebe habe ich oft vermisst. Ich hatte zu Männern nur mehr wenig Vertrauen, und ich glaubte, alle Männer seien solche Schweine. Ich habe mich vor ihnen geekelt und gegraust. Außerdem fühlte ich mich schuldig und schmutzig. Selbstmordphantasien traten manchmal auf, und ich empfand das Leben als wertlos. Wegen des Konsums von Alkohol und Drogen habe ich diese seelischen Verletzungen für einige Zeit nicht mehr wahrgenommen.

Von einem Jugendlichen öfters missbraucht

Mit vierzehn Jahren wurde ich öfters von einem älteren Jugendlichen zum Sex genötigt. Ich musste ihm bei der Selbstbefriedigung zusehen und seine Geschlechtsteile anfassen. In den darauf folgenden Monaten wiederholten sich diese Fälle immer wieder. Er bedrohte mich, sollte ich es jemandem erzählen. Einmal lauerte er mir sogar in der Nähe meines Elternhauses auf. Ich hatte immer Angst, dass er mir etwas antun könnte, und habe ihm seine Wünsche erfüllt. Ich habe mich vor diesem Jungen sehr gefürchtet. Oft bin ich verdattert und voller Angst nach Hause gegangen, habe aber nie mit meinen Eltern über diese Vorfälle gesprochen.

Mit zwölf der erste Rausch

Ich war nicht einmal zwölf Jahre alt, als ich das erste Mal einen Rausch hatte. Ich durfte 1969 bei einem Sommerfest in Brixen mithelfen. Ich spülte Gläser hinter der Theke und machte die Tische sauber. Neugierig beobachtete ich, wie Erwachsene gedankenlos Bier und andere alkoholische Getränke kippten. Ich erinnere mich, wie auch ich versteckt hinter der Theke schluckweise Bier und Wein trank. Ich blieb gerne hinter dem »Budel«, weil es immer lustiger wurde. Ich kann mich nicht mehr daran erinnern, was ich zusätzlich noch alles getrunken habe. Später konnte ich mich nicht mehr auf den Beinen halten und musste von meiner Mutter gestützt nach Hause geschleppt werden. Da habe ich von ihr das erste Mal eine saftige »Watschn« bekommen. Außerdem hatte ich einige hundert Lire ich meiner Hosentasche, damals viel Geld. Woher ich das Geld hatte, weiß ich nicht. Dieser Rausch war der Beginn meiner verheerenden Alkohol- und Drogenlaufbahn.

In den darauf folgenden Monaten habe ich angefangen, heimlich zu trinken. Oft bin ich am Abend in den Keller geschlichen und habe Wein getrunken. Mein Vater hatte damals über die Wintermonate immer zwei Fässer Wein gelagert. Meistens trank ich zwei bis drei Gläser hintereinander. Manchmal waren es auch mehr. Danach bin ich ins Bett gegangen. An den Wein habe ich mich bald gewöhnt. Nach dem Trinken fühlte ich mich immer erleichtert und hatte ein angenehmes Gefühl. Erst zu spät merkte ich, dass ich davon abhängig geworden war. Später konnte ich mir keinen Abend mehr ohne Alkohol vorstellen.

Monatelang haben meine Eltern nichts geahnt. Erst als bei mir die ersten Verhaltensstörungen auftraten, schöpften sie Verdacht. Ich war öfters geistig abwesend und verhielt mich anders als sonst. Wenn ich auf mein Verhalten angesprochen wurde, reagierte ich gereizt, und man konnte mit mir nicht reden. Meine Eltern haben sich damals schon Sorgen um mich gemacht, und meine Mutter ahnte etwas Schlimmes voraus.

Zum Alkoholkonsum weiter beigetragen hat die Arbeit in einem Gasthaus, in dem ich über die Sommermonate arbeiten musste. Obwohl ich jeden Tag nach Hause durfte, bin ich nie gern zur Arbeit gegangen. In diesem Gastbetrieb habe ich noch mehr arbeiten müssen als auf den Bauernhöfen. Außerdem war die Wirtin sehr streng und kommandierte gern. Überall musste ich mithelfen, vor allem beim Abspülen. Am Nachmittag musste ich meistens aufs Feld und hatte keine Freizeit. Ich habe gejätet und bei der Kartoffelernte schwere Säcke getragen. Ich wurde angeschrien und beschimpft, wenn ich etwas falsch gemacht habe. Nie habe ich mich getraut, mich zu widersetzen. Vor der Wirtin hatte ich große Angst, und ich zeigte Unsicherheiten, wenn sie in meiner Nähe war. Einmal hat sie mir ins Gesicht geschlagen, weil ich nicht das tat, was sie verlangte. Daraufhin habe ich einen Stapel Teller in der Küche auf den Boden geworfen. Mit dieser Reaktion hatte die

Wirtin nicht gerechnet. Ich habe mich das erste Mal gewehrt.
Bevor ich meine Arbeit beendet hatte, ging ich fast jeden Tag noch schnell in den Vorratskeller. Dort habe ich einen halben Liter billigen Wein im Nu ausgetrunken. Das half mir, meine Probleme zu vergessen. In diesen Sommermonaten bin ich abends oft berauscht nach Hause gegangen.

In der Mittelschule

Als ich in die Mittelschule kam, fühlte ich mich von Anfang an als Außenseiter, obwohl ich größer und kräftiger war als einige meiner Mitschüler. Ich war noch unkonzentrierter und unsicherer geworden als in der Volksschule. Ich war in einer Klasse, in der sich alle Schüler beim Lernen schwer taten.
Ich war ein guter Sportler und wurde im Handball und in der Leichtathletik gefördert. Sogar bei der FIS war ich und habe an Skirennen teilgenommen. Ich habe unter meinen Freunden öfters Skirennen organisiert, die wir auf einer Wiese oberhalb des Brixner Kinderdorfes ausgetragen haben. Die Piste mussten wir uns selber treten, und der Aufstieg musste zu Fuß bewältigt werden. Wir haben die Laufzeit mit einem einfachen Wecker gestoppt und hatten dabei viel Spaß. Einmal hat mir jemand gesagt, dass ich ein gutes Organisationstalent hätte. Es mag sein, dass er damit Recht hatte, aber ich konnte es in dieser Zeit nicht empfinden. Wegen meines zunehmenden Alkoholkonsums habe ich alle diese Förderungen zunichte gemacht. Außerdem rauchte ich heimlich in den Pausen.
Ich war in diesen drei Jahren ein vorlauter und sehr aggressiver Schüler. Auch vor Gewalt schreckte ich nicht zurück. Ich bekam wegen Unterrichtsstörungen viele Eintragungen ins Klassenregister. Öfters gab es Raufereien in der Klasse und auf dem Schulhof, und einmal habe ich sogar einen

Lehrer tätlich angegriffen. Ich konnte meine Aggressionen nicht kontrollieren und hatte ein angenehmes Gefühl, wenn Schüler vor mir Angst hatten. Durch mein aggressives Verhalten habe ich meine Minderwertigkeitskomplexe ausgeglichen und wollte damit Stärke zeigen. Auch ich wurde einmal von einem Lehrer angegriffen: Er hat meine Wangen derart zusammengedrückt, dass eine Gesichtshälfte später alle Farben annahm. Im Schuljahr 1970/71 wurde ich für zwei Tage von der Schule ausgeschlossen, weil ich kein schulisches Interesse zeigte und den Unterricht dauernd gestört habe. Meine Zeugnisse waren katastrophal. Nur mit viel Mühe und Glück habe ich die nächste Klasse und den Mittelschulabschluss geschafft.
Mich entsetzt es heute noch, und ich kann es kaum glauben, was ich mit meinen Mitschülern damals in der ersten Klasse der Mittelschule getrieben habe. Es waren nämlich noch andere Schüler darunter, die noch schlimmer waren als ich. Wir hatten nur Blödsinn im Kopf und haben dauernd den Unterricht gestört. Wir haben in die Kloschalen Klopapierrollen gesteckt und das Wasser gezogen, Wasserkübel nach dem Zeichenunterricht in der Klasse ausgeleert und Papierrollen in Brand gesteckt. Sogar Eintragungen ins Klassenregister haben wir durchgestrichen und den Lehrer bedroht. In der Faschingszeit haben wir Eiswasser auf den Stuhl des Lehrers geschüttet, Stinkbomben geworfen und einmal eine tote Blindschleiche ins Klassenregister gelegt. Auch eine Kanne Wasser mit Farbstoff haben wir über den Kopf des Lehrers geschüttet. Wegen dieser Vorfälle wurde unsere Klasse für das nächste Schuljahr getrennt, und einige Schüler bekamen ein Disziplinarverfahren.

Vom Lehrer sexuell missbraucht

Ich kann mich nicht erinnern, wie alt ich damals war. Ich glaube, es geschah zwischen meinem dreizehnten und fünfzehnten Lebensjahr. Alles begann, als ein Lehrer mich öfters mit väterlichem Charme und falschen Versprechungen zu sich nach Hause einlud. Am Anfang freute ich mich über seine Einladungen und ging später nur mehr wegen des Alkohols zu ihm. Es war nicht ein Lehrer von unserer Klasse. Ich kannte ihn nur vom Sehen her. Er war nett und freundlich, aber wie dieser Lehrer wirklich war, das ahnte ich nicht.

Er hatte ein kleines Zimmer im ersten Stock, das recht gemütlich eingerichtet war. Mir fiel auf, dass immer viel hochprozentiger Alkohol herumstand und auch ein kleines Weinfass im Zimmer war, an dessen Wand ein Bett stand. Ich glaubte im Paradies zu sein, denn ich konnte Eierliköre und starke Schnäpse trinken, wie viel ich wollte. Nie hätte ich mir gedacht, dass mir mein Gastgeber sexuelle Gewalt antun würde. Die ersten Male gab es leichte Berührungen sexueller Natur, aber die konnte ich nicht richtig einordnen, weil ich viel getrunken hatte. Dann passierte es einmal, dass er wie ein Tier über mich hergefallen ist. Ich musste mit ihm ein abscheuliches Sexspiel treiben, bis sein perverses Verlangen befriedigt war. Was ich hier erleiden musste, ist kaum fassbar.

Es passierte an einem Abend. Wie schon die anderen Male zuvor, hatte ich reichlich Alkohol getrunken. Als ich betrunken im Bett lag, fing er an, mich unsittlich zu streicheln. Ich lag verängstigt und wie gelähmt da und wusste im ersten Moment nicht, was um mich geschah. Er zog mir die Hosen herunter und zwang mich zu Zungenküssen. Als er auch noch Oralverkehr verlangte, musste ich mich fast übergeben und glaubte zu ersticken. Es war ekelhaft und grausig. Wehrlos lag ich unter seinem Körper. Ich spürte seinen Atem und sein Stöhnen. Es war ein Horror. Alles musste ich über mich ergehen lassen, denn mich zur Wehr zu setzen, wäre sinnlos gewesen. Trotz allem habe ich ihn in der

nächsten Zeit der Schnäpse wegen noch öfters aufgesucht. Dieser Lehrer nutzte meine Alkoholabhängigkeit schamlos aus. Wie ich es geschafft habe, mich schließlich von ihm zu trennen, daran kann ich mich nicht mehr erinnern.
Diese psychischen Quälereien wirkten sich natürlich auch auf meine Zukunft aus. Ich wurde unsicherer, und ich verfiel noch mehr dem Alkohol. Erst in der Therapiegemeinschaft bei LA STRADA – DER WEG konnte ich diese seelischen Verletzungen aufarbeiten.

Mit vierzehn das erste Mal mit dem Gesetz in Konflikt

Wegen eines Lausbubenstreichs bin ich mit vierzehn Jahren das erste Mal mit dem Gesetz in Konflikt geraten. Hätte ich damals sofort meinen Eltern erzählt, was passiert war, wäre es nie zu einer Verhandlung vor dem Jugendgericht gekommen.
Seit Tagen stand eine kleine »Vespa« an der Mauer unweit meines Elternhauses. Niemand wusste, wem dieses Kleinmotorrad gehörte; öfters habe ich es mit meinem Freund betrachtet. Wir beschlossen, einmal eine Fahrt zu unternehmen, sollte sie noch länger dastehen. Als einige Tage vergangen waren, konnten wir nicht widerstehen und fuhren los. Wir wollten nur eine kleine Runde machen und das Gefährt wieder zurückbringen. Mein Freund lenkte. Wir fuhren auf die Hauptstraße und hat-

Bereits im Würgegriff der Droge – zu Hause, 1973

ten das Pech, gleich den Ordnungshütern zu begegnen. Mir blieb vor Schreck die Luft weg. Wir erklärten den Beamten stotternd, wie es zu dieser Fahrt gekommen sei, und beteuerten, dass wir nicht im Sinne hatten, die Vespa zu stehlen. Sie machten sich Notizen, um diese Aussagen überprüfen zu können, und beschlagnahmten das Fahrzeug. Sie sagten, wir sollten diesen Vorfall den Eltern melden. Dann durften wir nach Hause gehen.

Ich wusste nicht, wie ich es den Eltern sagen sollte und hatte ein sehr mulmiges Gefühl. Aus Angst vor meinem Vater und vor dem Gericht habe ich geschwiegen. Ich erinnere mich, wie ich tagelang unruhig war und Schlafstörungen bekommen habe. Als nach einiger Zeit ein Brief vom Jugendgericht kam, beichtete ich alles weinend meinem Vater. Er schimpfte mich aus und erklärte mir, dass ich einen großen Fehler gemacht hätte. Das Jugendgericht hat mir jedoch »gerichtliche Verzeihung« gewährt. Meinem Freund passierte nichts, weil er zu diesem Zeitpunkt erst dreizehn Jahre alt war.

Beginn der Arbeit

Im Jahre 1973 schaffte ich mit Mühe den Mittelschulabschluss. Ich wollte den Elektrikerberuf erlernen. Mit Hilfe meines Vaters habe ich eine Lehrstelle gefunden. Das Klima auf diesem Arbeitsplatz hat mir von Anfang an nie gut gefallen. Der Vorgesetzte meckerte viel herum. Das ging mir auf die Nerven. Mir kam vor, als würde ich es ihm nie recht machen, und ich kam mir wie ein Versager vor. Ich wurde mit mir selbst unzufrieden. Als im Herbst auch noch die Berufsschule begann, machte mir dieser Beruf überhaupt keine Freude mehr.

Im Schuljahr 1973/74 musste ich jeden Mittwoch in die Berufsschule nach Bozen fahren. Ich ging nicht gern in diese Schule und hatte kein Interesse am Lernen. Öfters störte

ich den Unterricht und war aggressiv zu meinen Mitschülern. Einmal habe ich bei einem Streit einem Mitschüler, der mir den Mantel zerrissen hat, den Kopf derart an die Mauer geschlagen, dass er blutete.
Nach dem Unterricht habe ich mit einem Freund immer einen Liter Wein gekauft. Der Weinhändler hatte den Wein schon bereitgestellt, denn er wusste, dass wir kommen würden. Auf offener Straße haben wir ihn dann getrunken. Fast immer kam ich betrunken nach Hause.
Am Arbeitsplatz bekam ich zunehmend mehr Aggressionen, und es kam so weit, dass ich mit einem Gesellen während der Arbeit gerauft habe. Gegenstände wie Verputzmaterialien, Hammer und andere Dinge sind durch die Luft geflogen. Mit der Zeit ist mir dieser Beruf völlig über den Kopf gewachsen. Ich wollte nur noch eins: So schnell wie möglich diesen Arbeitsplatz verlassen.
Ohne Erlaubnis meiner Eltern habe ich nach neun Monaten meine Lehrstelle gekündigt und in einer Fabrik Arbeit gefunden. Ich selbst war begeistert über meine Entscheidung, weil ich selbst, ohne fremde Hilfe, einen Arbeitsplatz gefunden hatte. Meine Eltern waren nicht besonders erfreut darüber. Erst als ich die Arbeit antrat, haben sie sich beruhigt. Ich arbeitete dort von 1974 bis 1979 als Hilfsarbeiter auf Montage.

Vergewaltigt und missbraucht

An einem Mittwoch, als ich noch in die Berufsschule nach Bozen fuhr, versäumte ich den Zug und wartete auf dem Bahnhof auf den nächsten. Diesmal war ich ausnahmsweise nicht betrunken. Da sprach mich ein ungefähr vierzig Jahre alter Herr an und fragte freundlich, was ich hier allein mache. Ich schilderte ihm meine Lage, und er bot mir an, mich ein Stück mitzunehmen. Ich war erfreut über sein Angebot und stieg zu ihm in sein Auto.

Als wir einige Kilometer gefahren waren, griff er mit der Hand an meine Beine und hat an mir herumgefummelt. Ich erschrak und saß wie versteinert da. Ich dachte: »Nicht schon wieder!« Und alle Erinnerungen wurden wach. Er hat mich gestreichelt und wurde immer zudringlicher. Ich bekam es mit der Angst zu tun und wusste nicht mehr, wie ich reagieren sollte. Aus dem fahrenden Auto konnte ich nicht springen, dazu fehlte mir der Mut. Gedanken stürzten auf mich herein: »Soll ich mich wehren oder soll ich schreien? Wird er gewalttätig, wenn ich ihn zurückweise, oder soll ich alles über mich ergehen lassen wie bei jenem Lehrer?« Aus Angst, dass er mir etwas antun könnte, habe ich mich dann doch nicht gewehrt.

Plötzlich bog er einige Kilometer vor Brixen auf einen Seitenweg ab. Mein Herz klopfte rasend. Ich soll nur nett zu ihm sein, sagte er mir. Dann ist alles schnell gegangen. Er kippte die Sitzlehnen zurück und riss mir die Hose herunter. Es kam zum Oralverkehr, und ich grauste mich vor dem ekelhaften Gestank. Dann drehte er mich auf den Bauch und vergewaltigte mich im Auto. Ich hörte ihn kreischen und stöhnen. Ich weiß nicht mehr, ob ich geweint oder geschrien habe, als er in mich eindrang. Ich hatte starke Schmerzen und habe ihn gebeten, aufzuhören. Er hat dann davon abgelassen, und ich musste ihn mit der Hand befriedigen.

Nachdem er das bekommen hatte, was er von mir haben wollte, brachte er mich, selbst für mich überraschend, sofort nach Hause. Ich erinnere mich, wie er mich direkt bei meinen Eltern abgegeben hat. Meine Eltern bedankten sich bei ihm für seine Hilfsbereitschaft.

Aus Angst vor der Rache dieses Vergewaltigers wagte ich nicht, dieses schreckliche Geschehnis jemandem zu erzählen. Ich machte auch keine Anzeige. Außerdem wollte ich mir bei der Polizei weitere Unannehmlichkeiten ersparen, weil ich schon im Strafregister aufschien. Seit diesem Vorfall habe ich diesen Mann nie wieder gesehen.

Abhängig vom Alkohol: im Teufelskreis des Alkohols

Mit fünfzehn ging es mit dem Saufen dann erst richtig los. Kein Wochenende ist vergangen, an dem ich nüchtern geblieben bin. Ich trank, weil ich dazugehören und meine Probleme einfach wegspülen wollte. Je mehr ich trank, desto leichter wurde es mir. Ohne Alkohol hatte ich starke Minderwertigkeitskomplexe. Außerdem hatte ich Kontaktschwierigkeiten und hohe Versagensängste. Ohne Alkohol war ich eine Null. Wenn ich getrunken hatte, waren alle diese Probleme nicht mehr da. Um unter die Leute zu kommen, musste ich trinken. Der Alkohol gab mir Mut und Stärke. Er wirkte betäubend, verführerisch und anregend zugleich. Plötzlich schaffte ich es, lässig auf Mädchen oder andere Personen zuzugehen.

Mit der Zeit habe ich täglich literweise Wein getrunken. Er floss wie Wasser durch meine Kehle. Ich war Dauergast in den Lokalen. Später war ich wegen meiner extremen Rauschzustände in den Bars ein nicht gern gesehener Gast. Ich wollte in eine andere Welt eintauchen, weil ich mit den Anforderungen des Lebens nicht mehr richtig fertig wurde. Ich verurteilte sogar die normalen Menschen als Spinner und Trottel. Ich konnte nicht glauben, dass sie sich im nüchternen Zustand wohl fühlen können. So tief war ich schon damals der Alkoholsucht verfallen, dass ich eine solche Denkweise hatte.

Zu Hause bin ich immer öfters in den Keller gegangen, um Wein zu trinken. Deshalb hat mein Vater ein Sicherheitsschloss am Weinfass anbringen müssen. Auch die Kellertür musste verschlossen werden. Als mir der Weg zum Weinfass versperrt wurde, ging ich zu meinen Freunden, um Wein zu betteln. Es kam vor, dass ich sie um einige Tropfen sogar angefleht habe. Einige Male bekam ich von ihnen Wein, den sie von ihren Eltern gestohlen hatten. Als sie merkten, dass ich immer mehr verlangte, haben sie mir nichts mehr gegeben. Meine Freunde waren entsetzt, als sie sahen, wie ich lachend einen Liter Wein in kürzester Zeit in mich hineingegossen habe. Sie wollten mir helfen, aber ich habe ihre Hilfe nicht angenommen. Deshalb haben sie sich von mir zurückgezogen.

Als ich als Hilfsarbeiter eigenes Geld verdiente, habe ich für einige Monate täglich zwei Stunden bei einem Freund Bodybuilding trainiert. Es war die Zeit des Arnold Schwarzenegger, den ich sehr bewunderte. Ich wollte so werden wie er, was mir allerdings nicht gelang. Nach jedem Training habe ich immer Wein oder Bier getrunken.

Während der Woche ging ich meiner Arbeit nach. Anfangs konnte ich mich noch kontrollieren. Von Freitagabend bis Sonntagabend war immer dasselbe Ritual: saufen, saufen und nochmals saufen. Die Arbeit bereitete mir auch zunehmend Probleme. Es kam so weit, dass ich täglich Weinflaschen in meiner Umkleidekabine am Arbeitsplatz versteckte und sie während der Arbeitszeit heimlich austrank. Später kamen noch die Drogen dazu. Oft stellten mich meine Eltern zur Rede und wollten mir helfen. Ich ließ mir von ihnen nichts mehr vorschreiben oder sagen. Überhaupt grenzte ich mich immer mehr von meiner Familie ab.

An den Freitagen nach der Arbeit hatte ich immer die Gewohnheit, mehrere Liter Wein zu kaufen, um an den Wochenenden Vorrat zu haben. Ich hatte mehrere Verstecke in der Nähe meines Elternhauses. In einem Mauerloch neben der Straße, in einer Scheune, im Stiegenhaus und sogar in der alten Waschküche meines Freundes habe ich Weinflaschen versteckt. An den Abenden bin ich dann zu den Verstecken zurückgekehrt und habe mich gierig voll laufen lassen. Als die Mutter meines Freundes einmal leere Flaschen

im alten Kesselofen entdeckte, wurde sein Vater beschuldigt, dass er heimlich trinke.
Später habe ich begonnen, schon frühmorgens zu trinken. Wenn ich keinen Vorrat angelegt hatte, bin ich in eine Bar gegangen. Dort trank ich rasch mehrere Gläser hintereinander auf leeren Magen. Das war mein Frühstück. Daraufhin habe ich die nächste Bar aufgesucht und habe weitergesoffen. Oft bin ich mit meinem Kleinmotorrad gestürzt, habe mich aber glücklicherweise niemals ernsthaft verletzt. Ich muss viele Schutzengel gehabt haben, sonst wäre dies nie möglich gewesen. Im späteren Stadium kreisten meine Gedanken ständig nur mehr um Alkohol. Gedächtnislücken sind aufgetreten, und die Kontrolle über die getrunkene Menge hatte ich längst verloren. Ich war nicht mehr Herr meiner Lage und hatte nur mehr den Zwang zum Weitertrinken. Aber dass ich mit dem Trinken mir selbst den größten Schaden zufüge, habe ich in dieser Zeit nicht bedacht. Die Droge Alkohol habe ich unterschätzt.

Der neue Freundeskreis

Ich verlor meine Freunde und suchte noch mehr Trost im Alkohol. Dadurch lernte ich Jugendliche kennen, die selbst der Sucht verfallen waren. Ich baute Freundschaften auf, die in Wirklichkeit keine waren. Einige dieser Typen hatten schon Erfahrungen mit Haschisch, aber damals hatte ich noch kein Interesse an Drogen. Meine Welt waren Alkohol und Sex. Ich zog mit den Freunden durch die Bars, und wir haben uns schwere Alkoholexzesse geliefert.
Wie dumm war ich, als ich mir wegen einer Wette für einen Krug Bier mehrere Brandwunden an den Armen zufügte: Ich drehte Zündhölzer in die Haut und ließ sie niederbrennen. Mit schmerzverzogenem Gesicht bin ich dagestanden. Meine Freunde lachten, als sie sahen, wie sich ein Loch in meine Haut brannte. Die Narben sind heute noch zu sehen.

Ein solch trottelhaftes Verhalten kann ich heute nicht mehr verstehen. Auch die Wetten, einen Liter Wein im Aufzuglift während der Fahrt in den dritten Stock auszutrinken, zählten zu meinen hirnlosen Ideen.
Auf den Wiesen- und Waldfesten habe ich meistens schwere Räusche geliefert. Ich war sogar als »Rauschkugel« bekannt. Diesen Spitznamen betrachtete ich für mich als Ehre. Bei einem solchen Fest bin ich mit meinem ebenfalls betrunkenen Freund über einen steilen Straßenabhang auf der Tschötscher Heide einige Meter hinuntergestürzt. Wie durch ein Wunder ist uns nichts passiert. Unsere Väter mussten uns dann nach Hause schleppen.

Die Gewaltbereitschaft

Die Gewaltbereitschaft unter uns Freunden nahm bei schweren Rauschzuständen bedrohlich zu. Bei Auseinandersetzungen benutzten wir auch Ketten und Schlagringe. Oft kam es zu wilden Schlägereien, bei denen manchmal Personen krankenhausreif geschlagen wurden. Mitunter erwischte es auch mich, und ich musste mich im Krankenhaus behandeln lassen. Gewalttätigkeiten und Einschüchterungen gehörten einfach dazu. In dieser Schlägergruppe fühlte ich mich wohl. Einige Male bin ich deshalb auf das Polizeikommissariat gebracht worden und musste mich dann vor dem Gericht verantworten.
Außerdem musste sich meine Schwester einmal mit einem Holzscheit verteidigen, weil ich in betrunkenem Zustand durchgedreht habe und auf sie losgegangen bin. Auch meine früheren Freunde hatten Angst, wenn sie mich im Rauschzustand sahen. Ich war unberechenbar geworden.

Die Männerbeziehung

Über zehn Jahre lang habe ich wegen des Alkohols oft bei einem Mann Zuflucht gesucht. Ich hatte ihn mit vierzehn

Jahren kennen gelernt. Ich fühlte mich zu ihm hingezogen, weil ich mit ihm meine Probleme besprechen konnte. Ich hatte zu ihm tiefes Vertrauen, und er war wie ein Vater zu mir. Es hat gut getan, einen solchen Menschen zu haben in dieser schwierigen Zeit.
Wir haben öfters Spaziergänge und Wanderungen unternommen oder sind irgendwohin gefahren. Er tröstete und verstand mich, wenn ich meine ganzen Sorgen bei ihm ausschüttete. Ich hatte in all diesen Jahren nie Angst vor ihm. Ich fühlte mich bei ihm geborgen, und seine angenehme Art hat mir wohl getan. Ich bekam von ihm Alkohol, so viel ich wollte.
Meine Sucht hat mich so ausgemergelt, dass ich von dem Mann nicht mehr loskam und ihm hörig wurde. Mit schweren Räuschen bin ich oft nach Hause gegangen. Jahre später kam es zu sexuellen Handlungen, gegen die ich mich anfangs wehrte und vor denen ich mich geekelt habe. Später ließ ich es zu, weil ich selbst daran Gefallen fand. Ich hatte Verlangen nach Alkohol, Geld und Mädchen. Wenn mir etwas davon fehlte, bin ich einfach zu ihm gegangen. Heute sehe ich das Zwiespältige an diesem Mann.

Die Gesundheitsrisiken

Es folgte die Zeit, in der mir Bier und Wein zu wenig waren, und ich begann zusätzlich mit hochprozentigen Schnäpsen. Mein Magen konnte diese Mengen nicht mehr vertragen, und ich aß immer weniger. Oft wurde ich von krampfartigem Brechreiz gewürgt und von trockenem Kotzen gekrümmt und geschüttelt. Schweißgebadet bin ich in den Nächten aufgewacht und habe ernste Schlafstörungen bekommen. Ich wurde unruhiger und gereizter. Die Angst, die Hoffnungslosigkeit und die Einsamkeit waren der Preis, den ich für meine Saufereien zu zahlen hatte. Ich wurde zum Sklaven meiner Sucht.

Über die Gefahren einer psychischen sowie körperlichen Schädigung habe ich mir nicht besondere Gedanken gemacht. Ich dachte in fröhlicher Runde nicht über einen Leberschaden oder andere Organschäden nach. Die Gesundheit war mir scheißegal.
Ich leugnete jahrelang meine Abhängigkeit. Wie oft habe ich mir gesagt: »Ich habe doch kein Alkoholproblem«, oder »Ich kann aufhören, wann ich will.« Die Wirklichkeit sah aber anders aus. Ich konnte mich vom Trinken allein nicht mehr befreien und bin schwer alkoholkrank geworden.

Abhängig von Medikamenten

Wegen meiner Schlafstörungen und depressiven Zustände wurden mir vom Arzt Schlaf- und Beruhigungsmittel verschrieben. Durch die Einnahme dieser Medikamente konnte ich meine Krankheitssymptome besser bewältigen. Anfangs befolgte ich die Anweisungen des Arztes; später jedoch erhöhte ich die Dosis. An die Medikamente habe ich mich schnell gewöhnt, und es hat nur kurze Zeit gedauert, bis ich von ihnen abhängig wurde. Um die Wirkung zu intensivieren, löste ich sie in Wein und Bier auf. Der Mix aus Alkohol und Tabletten erzeugte Rauschzustände, die ich vorher nicht kannte. Ich habe Alkohol-Pillen-Cocktails gemacht. Es waren vor allem Schlaf- und Beruhigungsmittel, später kamen Appetitzügler dazu. Ich schluckte Unmengen von diesen Tabletten, immer gemixt mit Alkohol. Später spritzte ich mir die Medikamente sogar in die Vene. Diese extremem Rauschexzesse haben mich manchmal fertig gemacht.

Mit siebzehn die erste Entgiftungstherapie im Krankenhaus

Mit siebzehn musste ich das erste Mal wegen einer Medikamentenvergiftung ins Krankenhaus von Brixen eingeliefert werden. Ich hatte wegen verschiedener Probleme zwanzig bis fünfundzwanzig Schlaftabletten genommen. Es musste eine Magenspülung durchgeführt werden. Drei Tage lag ich auf der Medizinischen Abteilung. Der damalige Primar war überrascht, einen so jungen Suchtpatienten in seiner Abteilung zu haben. Er sah mir offen ins Gesicht und sagte, dass ich mein Leben aufs Spiel setze, wenn ich so weitermache. Öfters ist er zu mir ans Bett gekommen und hat mich über die Folgen einer Alkohol- und Medikamentensucht aufgeklärt. Alle Ratschläge und Hilfsangebote von Ärzten, von der Familie und von Freunden habe ich aber in den Wind geschlagen. Ich wollte meinen eigenen Weg gehen. Selbst die damalige Freundin, die ich sehr liebte, konnte mir nicht helfen. Die Gier nach Alkohol und Medikamenten war stärker als alles andere.

Nachdem ich das Krankenhaus verlassen hatte, habe ich an den Wochenenden weiterhin getrunken und Pillen geschluckt. In den darauf folgenden Jahren habe ich immer wieder die Medizinische Abteilung aufsuchen müssen.

Schwere psychische Probleme

Ab dem achtzehnten Lebensjahr bekam ich schwerwiegende Probleme mit meinem Aussehen. Die lockigen blonden Haare, die immer mein Stolz waren, fielen mir aus. Ab dem sechzehnten Lebensjahr hatte ich angefangen, meine Haare fast täglich zu waschen und zu föhnen. Ich wollte sie glatt statt lockig haben. Meine Mutter hat mich immer wieder davor gewarnt, dass dieses oftmalige Waschen und Föhnen schädlich sei; darauf habe ich nie gehört.

Mit der Zeit wurden meine Haare vorne immer schütterer. Langsam wurde die große Beule sichtbar, die ich mir durch den Schädelbasisbruch in meiner Kindheit zugezogen hatte. Ich hatte Angst, dass ich bei Mädchen nicht mehr »ankomme«. Es kam sogar vor, dass ein Freund meines Bruders

Meine Haartracht – mein ganzer Stolz, 1974

beim Haarföhnen zusehen musste, um zu zählen, wie viele Haare ausgefallen sind. So psychisch gestört war ich.
Ängste, gedrückte Stimmung und Verzweiflung kamen manchmal wie ein Blitz aus heiterem Himmel. Verschiedene Ärzte habe ich aufgesucht und bin sogar zu Hautspezialisten nach Innsbruck gefahren, um Hilfe gegen meinen Haarausfall zu suchen. Ich bekam Haarwasser und viele andere Mittelchen zum Einreiben. Ich unternahm alles, um keine Glatze zu bekommen. Aber nichts hat geholfen. Vorne am Kopf und rund um die Beule wurde es immer lichter. Ich konnte mich damit nicht abfinden und betäubte meine Haarprobleme weiterhin mit Alkohol und Medikamenten. Später brauchte ich psychologische Hilfe, weil ich Depressionen bekam. In den Jahren darauf nahm diese depressive Stimmung lebensbedrohliche Ausmaße an. Das Leben wurde mir unerträglich, und ich hatte manchmal den Eindruck, wertlos zu sein. Ich spielte das erste Mal mit dem Gedanken, mir das Leben zu nehmen.
Erst in der Therapiegemeinschaft ist es mir gelungen, dieses Problem zum Teil aufzuarbeiten. Nach der Therapie im Jahr 1987 habe ich mir ein Haarteil anfertigen lassen, das ich seitdem trage, damit die unschöne Schädelform nicht zum Vorschein kommt.

ZWEITES KAPITEL

Den Drogen verfallen

Die erste Haschischzigarette

An einem Frühlingstag im Jahr 1977 habe ich ein Mädchen, das Autostopp machte, in meinem alten Wagen mitgenommen. Sie stammte aus einer Stadt in Mittelitalien und arbeitete in Südtirol im Gastgewerbe. Sie war um einige Jahre älter als ich. Wir verliebten uns auf Anhieb, als wir uns sahen. Außerdem war sie damals mein Typ – dunkle Haut, schlank, schwarz und rassig. Sie hatte vor, in Sterzing Freunde zu besuchen. Dazu kam es nicht, weil sie bei mir bleiben wollte.

Wir machten Rast in einer Pizzeria und haben beide reichlich Wein und Bier getrunken. So eine, die auch säuft, hatte ich schon immer gesucht, und jetzt hatte ich sie gefunden. Ich schwebte im siebten Himmel. Beide haben wir in trunkenem Zustand das Gasthaus verlassen und sind zu mir nach Hause gefahren. Meine Eltern waren nicht besonders begeistert, als ich ihnen das Mädchen vorstellte. Meine Mutter warnte mich, dass mit diesem Mädchen etwas nicht stimme. Diese Warnung habe ich nicht ernst genommen. Ich war in sie kopfüber verknallt und wollte sie auf keinen Fall verlieren. Ich konnte dennoch meine Eltern überreden, dass sie für diese Nacht bei mir schlafen durfte. Aus einer Nacht wurden mehrere Nächte. Dann sind es Wochen und Monate geworden.

Wenn wir nicht bei der Arbeit waren, verbrachten wir Tag und Nacht zusammen, und wir konnten uns voneinander nicht mehr trennen. Wir liebten uns im Bett, sooft es ging, und haben alle sexuellen Bedürfnisse ausgelebt. Sie lehrte mich verschiedene Praktiken des Sexuallebens, und ich wunderte mich, wo sie das wohl alles gelernt hatte. Sogar in der freien Natur haben wir es getrieben. Sie war eine besondere Lehrmeisterin in Sachen Sex. Ich hatte schon vorher mit einigen Mädchen Sex, aber so etwas hatte ich noch nie erlebt.

Ich war überrascht, als sie mich nach einiger Zeit fragte, ob ich mit ihr einen »Joint« rauchen würde. Nie hätte ich gedacht, dass sie etwas mit Drogen zu tun hätte. Ich glaubte, dass sie, so wie ich, dem Alkohol und den Medikamenten verfallen sei. Ich hatte Angst, sie zu verlieren, wenn ich nicht mitmachte.

Der erste »Kiff«

Ich erinnere mich noch sehr gut, wie ich außerhalb der Stadt auf einer Nebenstraße mit meiner Freundin meine erste Haschischzigarette geraucht habe. Es war nicht das aus der Cannabispflanze gewonnene Haschisch, sondern das auf chemischem Wege angereicherte, viel wirksamere Haschischöl. Ich kannte die Rauschwirkungen vom Alkohol und den Medikamenten und war eher enttäuscht von der Wirkung dieser Zigarette. Anstatt Wohlbefinden erlebte ich Unsicherheit und Angst.
Als das Haschisch zu wirken begann, benahm ich mich kindisch und musste bei jedem Anlass lachen. So etwas habe ich bei meinen vorherigen Räuschen nie erlebt. Die Zeit kam mir auf einmal so langsam vor, und die vertraute Umgebung wirkte fremd. Alle meine Sinneswahrnehmungen habe ich stärker erlebt, vor allem die optischen und akustischen. Als wir eine Stadtrunde machten, bekam ich während des Gehens ängstliche Gefühle, weil ich glaubte, den Boden unter meinen Füßen zu verlieren. Alle Menschen kamen mir sonderbar vor, und ich meinte, dass sie mich alle anglotzten. Nein, das war's nicht, dachte ich mir und musste von neuem lachen. Danach habe ich am Würstchenstand einige Würstchen verspeist, weil ich einen Riesenhunger bekam.
Täglich haben wir nach der Arbeit gekifft und Wein und Schnaps getrunken. Sie hat mich regelrecht mit Haschisch gefüttert. Drogen verschiedener Art hatte sie immer bei sich

und zwischendurch rauchte sie Opium; dieses hat sie mir auch öfters angeboten. Sie sagte mir nicht, wo sie sich all diese Drogen besorgt hatte. In den folgenden Monaten probierte ich alles aus und habe bis auf Heroin alles genommen, was ich kriegen konnte.

Nach einigen Monaten wurde uns bewusst, dass wir nicht füreinander bestimmt waren. Im Spätsommer 1977 haben wir uns in Freundschaft getrennt, was uns schwer gefallen ist. Jeder von uns ist seinen eigenen Weg gegangen. Nach einigen Wochen habe ich sie noch einmal gesehen. Was aus ihr geworden ist oder ob sie noch lebt, weiß ich nicht.

Vom Haschisch abhängig

In den darauf folgenden Monaten und Jahren bin ich vom Haschisch extrem abhängig geworden. Fast kein Tag verging, an dem ich nicht kiffte. Die anfänglich kindischen Verhaltensweisen und das unkontrollierte Gelächter empfand ich bald als angenehm und habe mich daran gewöhnt. Hatte ich kein Haschisch, wurde ich gereizt und unzufrieden und bekam depressive Zustände. Um dies zu vermeiden, kaufte ich fast jedes Wochenende Vorrat. Stundenlang habe ich dann in meinem Schlafzimmer Haschischzigaretten vorbereitet, damit ich für die kommenden Tage gerüstet war. Ich präparierte die Haschischzigaretten wie normale Zigaretten und habe sie auf offener Straße geraucht, wie Raucher eben ihre Zigaretten rauchen. Außerdem hatte ich andere Rauchgeräte wie Pfeifen oder selbst gefertigte Vorrichtungen zu Hause. Ich habe Haschisch auch pur oder mit der Wasserpfeife geraucht. Alkohol war auch immer im Spiel, und ich bin vom Haschisch nicht mehr losgekommen.

In dieser Zeit waren noch US-Soldaten in Brixen, die in Elvas stationiert waren. Ich war öfters mit ihnen zusammen. Diese Soldaten hatten immer Haschisch bester Qualität. Ich

Gezeichnet von Drogen und Alkohol

habe Cannabis zum Spottpreis und manchmal sogar auch gratis bekommen. Für ein Gramm zahlte ich sonst bei einem andern Dealer zwischen fünf- und achttausend Lire. Wir trafen uns an den Wochenenden in der Diskothek, die in der Nähe der NATO-Kaserne war, oder ich bin zu ihnen in ihre Privatwohnung gefahren. Diese Disko, die es heute nicht mehr gibt, war ein Eldorado für Kiffer. Viele Süchtige kamen von weit her, um sich von den Amis Stoff zu besorgen.

Die neue Freundin

Nach der Affäre mit dem drogenabhängigen Mädchen lernte ich im Herbst 1977 ein anderes Mädchen kennen. Unsere Freundschaft dauerte fast zwei Jahre. Sie war anständig und wollte von Alkohol und Drogen nichts wissen. Täglich waren wir zusammen, und ich war in sie verliebt wie in keine zuvor. Sie kannte mein Drogenproblem und wollte mir in dieser Zeit immer helfen; sie liebte mich sehr. Wir sprachen oft miteinander über mein Problem. Einige Male habe ich sie auch zum Alkoholtrinken und zum Haschischrauchen verführen wollen, aber sie ließ sich nie darauf ein.
So kam es, dass sie keine Hoffnung mehr sah, mit mir gemeinsam eine Zukunft aufzubauen. Sie wollte sich von mir lösen. Immer wieder versprach ich ihr hoch und heilig, dass ich mich bessern werde. Nie habe ich dieses Versprechen einhalten können. Zum Schluss kam es dann zur endgültigen Trennung, die auch ihr schwer fiel. Diese Trennung hat mich sehr mitgenommen; ich kam darüber nicht hinweg.
Damals habe ich nicht verstanden, warum sich das Mädchen von mir getrennt hat. Heute verstehe ich, dass dieser Schritt für sie der einzig richtige war. Sie hätte schon früher Schluss machen müssen. Dieses Mädchen hat alles unternommen, um mir zu helfen. Auch sie schaffte es trotz aller Bemühungen nicht; meine Sucht war stärker.

Der Militärdienst

Meine Eltern wären froh gewesen, wenn ich den Militärdienst hätte ableisten müssen. Sie machten sich wegen meiner Abhängigkeit große Sorgen. Sie hofften, dass ich mich durch militärische Disziplin ändern würde. Aber ich konnte mir nicht vorstellen, auf all meine geliebten Rauschmittel verzichten zu müssen. Ich hatte Angst, das bisherige Leben nicht mehr führen zu können. Ich wollte

nicht zum Militärdienst und setzte alles daran, befreit zu werden.
1976 wurde ich zur Musterung nach Trient einberufen. Daraufhin kam ich für einige Tage ins Militärkrankenhaus von Verona. Ich wurde um ein Jahr zurückgestellt. 1977 musste ich ein zweites Mal ins Militärkrankenhaus und wurde diesmal für tauglich erklärt. Für mich brach eine Welt zusammen, und ich weinte wie ein kleines Kind. Ich konnte es nicht fassen, dass ich ein Jahr später doch noch zum Militärdienst einberufen worden war.
Als ich im Juli 1978 den Militärdienst in Cuneo in der Provinz Piemont antreten musste, habe ich mich reichlich mit Haschisch eingedeckt und alle ärztlichen Unterlagen und Dokumente mitgenommen. Die ersten Tage verbrachte ich in der Kaserne. Daraufhin wurde ich zur Untersuchung ins Militärkrankenhaus nach Turin gebracht. Keinen Tag war ich nüchtern. Ich ging heimlich aus und habe mich voll laufen lassen. Zusätzlich rauchte ich Haschisch. Als mir am neunten Tag gesagt wurde, dass ich auf Grund meines Schädelbasisbruches vom Militärdienst befreit sei, konnte ich mein Glück kaum fassen. Ich hatte erreicht, was ich wollte, und konnte am selben Tag die Heimreise antreten. Meine Eltern aber waren enttäuscht.

Der LSD-Horrortrip

Nie werde ich diese Nacht und die darauf folgenden Wochen vergessen können. Was ich da erlebte, das war die Hölle. Ich sah Dinge, die in der Wirklichkeit nicht existierten. Ich wünsche es keinem Menschen, was ich damals im LSD-Rausch erlebte. Deshalb möchte ich diesen Abschnitt ausführlicher behandeln. Ich möchte dem Leser bewusst machen, was er zu erwarten hat, wenn er einmal in eine solche Situation geraten sollte. Ich rate jedem ab, dieses Teufelszeug zu nehmen. Es könnte passieren, dass man durch einen solchen Horrortrip nicht mehr zu sich kommt und geisteskrank wird. Ich kenne Menschen, denen ein solches Schicksal widerfahren ist. Sie haben nicht mehr zum normalen Leben zurückgefunden und leiden unter schwersten Ängsten und Depressionen. Seitdem sind sie in psychiatrischer Behandlung. Auch ich ging ein Risiko ein und wusste nicht, wohin die »Reise« führte und wie bedrohlich alles enden würde. Ich hatte Glück und kam nach wochenlangem geistig verwirrtem Zustand wieder zu mir. Diese Droge hat eine unberechenbare Wirkung mit unkalkulierbarem Ausgang. Sie kann zu fatalen Fehlreaktionen führen, die nicht mehr steuerbar sind. Ich kannte einen Süchtigen, der im LSD-Rausch glaubte, ein Hubschrauber zu sein und fliegen wollte; er sprang aus dem Fenster des dritten Stockwerks.

Es ist jetzt schon über zwei Jahrzehnte her, aber diese schrecklichen Geschehnisse sind immer noch in meinem Kopf, als wären sie erst gestern passiert. Diese Bilder sind in meinem Gehirn wie gespeichert, und man kann sie nicht mehr löschen. Ich muss Gott danken, dass ich nach Wochen aus dieser fremden Welt wieder herausfand.

Nie habe ich geglaubt, dass ich solche Ängste bekommen könnte. Ich glaubte, verrückt oder wahnsinnig zu werden. Dieser Rausch hat mich in eine wirklichkeitsfremde Erlebnis- und Phantasiewelt versetzt, in der Grauen und Vernichtung herrschten. Es war schrecklich. Im Verlauf des Rauschzustandes verlor ich jeglichen Realitätsbezug und fühlte mich hilflos ausgeliefert. Ich glaubte, in manchen Momenten höhere Kräfte zu besitzen, und wusste nicht, ob ich wirklich ich bin, wo ich mich befinde, oder ob ich wach bin oder träume. Dieser Rausch war nicht von schönen Erlebnis- und Wahrnehmungsveränderungen begleitet, sondern von Angst und Verfolgung, Verzweiflung und Entsetzen. Ich war unfähig, aus diesem Rausch zu flüchten. Für

mich ist LSD, was Ängste anbelangt, eines der stärksten, gefährlichsten und unberechenbarsten Rauschmittel.
Die Wirkung und Gewalt des LSD hat mein Gehirn zu Angstreaktionen gezwungen, denen meine Gefühle und mein Verstand nicht gewachsen waren. Ich konnte mich nicht mehr kontrollieren und geriet in einen Zustand geistiger und nervlicher Erregbarkeit. In diesem Rausch habe ich fast nur Panikerlebnisse gehabt. Nur selten hatte ich euphorische Phasen. Ich bin in eine andere geheimnisvolle Welt und in eine andere Zeit geraten, aus der ich mich nur langsam befreien konnte. Ich brauchte sehr lange, bis ich wieder zu meiner vertrauten Umgebung und zur Realität zurückfinden konnte. Ich habe danach lange Zeit in Angstzuständen gelebt und glaubte, dass ich nicht mehr normal werde. Seltsam erscheint mir heute noch, dass ich mich an fast alle Einzelheiten dieses Rausches erinnern kann, und die schildere ich nun im Folgenden.

Am Nachmittag

Es war an einem Nachmittag im Dezember 1978. Ich war ausnahmsweise einmal nüchtern, als ich von einem Drogenhändler LSD kaufte. Er gab mir den Rat, dass ich nur ein Viertel davon nehmen sollte, weil es gute Qualität sei. Ich nahm seine Warnung nicht ernst und schluckte alles. Ich habe schon öfters LSD genommen, habe aber dabei nie eine intensive Wirkung erlebt. Als nach fünfundvierzig Minuten immer noch keine Wirkung zu verspüren war, glaubte ich, wieder hereingelegt worden zu sein. Als ich mich damit abgefunden hatte, wollte ich auf dem Diwan in der Küche schlafen.

Am Abend

Wie ein Blitz aus heiterem Himmel geschahen plötzlich eigenartige Dinge, die ich vorher in dieser Form nie erlebt hatte. Die Umgebung wirkte auf einmal fremd und seltsam. Alle in der Küche befindlichen Gegenstände, wie der Tisch und die Stühle, die Vorhänge und der Boden, der Herd und die Tür, das Fenster und die Lampe wurden lebendig und fingen an, sich zu bewegen. Es erschien mir alles so schaurig und gruselig. Meine Eltern und Geschwister kamen mir wie fremde Menschen vor, als würden sie von einem anderen Planeten stammen, und wirkten auf mich feindlich. Ihre Gesichter veränderten und verformten sich monsterhaft, und ich erkannte meine Familie in bestimmten Momenten nicht mehr wieder. Ihre Stimmen und die Musik aus dem Radio habe ich auf andere Art wahrgenommen als im Normalzustand. Die Küche wirkte klein und groß zugleich, dann wieder verzerrt und gebogen, ein anderes Mal deformiert und schief, aber auch gedehnt und unendlich. In gewissen Zeitabständen kam immer wieder etwas Neues. Auf einmal drohten sogar die Mauern zusammenzubrechen, weil sich alles in Bewegung setzte. Die Umgebung und alle Gegenstände erschienen in einem eigenartig nebeligen, grauen Licht.

Mit der Zeit veränderte sich mein Körper. Meine Beine und Füße, die Arme und Hände wurden länger. Sogar der Geruchs- und Geschmackssinn veränderten sich. Ich hatte einen metallartigen Geschmack im Mund, als würde ich dauernd eine Bleikugel lutschen. Als ich die Hand bewegte, sah ich durch die Schwingung, dass sie sich verzehnfacht hatte. Außerdem war die Umgebung in intensive Farben getaucht, die es in der Realität nicht gibt. Mir schien alles unendlich langsam weiterzugehen, und ich glaubte, dass die Zeit stehen geblieben sei. Denkstörungen traten auf, und ich hatte keinen Bezug mehr zur Wirklichkeit. Ich blieb ruhig auf dem Diwan liegen, damit keiner merkte, was in mir vorging, und beobachtete kritisch den Verlauf des Geschehens. Ich kam mir vor, als würde ich im Kino sitzen und

einen Film anschauen. Ich kann gar nicht begreifen, dass keiner von meiner Familie mir etwas angemerkt hat.
In der ersten Phase des Rausches waren diese Erlebnisse nicht unangenehm, aber auch nicht angenehm. Für mich war diese Vielzahl von Veränderungen in so kurzer Zeit etwas Eigenartiges. Ich konnte anders sehen, fühlen und denken und sah zum ersten Mal die Welt in einer anderen Form. Als sich dann aber meine Haare auf meinen Oberarmen in schwarze Spinnen und Ameisen und nicht beschreibbare Tierarten verwandelten, nahm dieser Rausch bedrohliche Ausmaße an. Mit der Ruhe und den kritischen Beobachtungen in den ersten zwei Stunden war es somit vorbei. Von da an ging es Schlag auf Schlag. Ich wurde zunehmend von schwersten Ängsten geschüttelt.

Die Nacht

Als die Ängste intensiver wurden, bat ich meine Schwester, mich ins Zimmer zu begleiten. Sie blieb bei mir, bis ich mich einigermaßen beruhigt hatte. Diese Nacht war eine der schrecklichsten und längsten Nächte, die ich je erlebt habe.
Auch die Mutter warf noch einen kurzen Blick ins Zimmer. Diese Gewohnheit hatte sie während meiner Abhängigkeit immer, um bei mir nach dem Rechten zu sehen. Ich erschrak fürchterlich, als ich sie in kleiner Statur von nur etwa einigen Zentimetern vor mir stehen sah. Im selben Augenblick blähte sich mein Körper zu einem Riesen auf, und ich glaubte, im Zimmer keinen Platz mehr zu haben. Ich fühlte mich von meiner Mutter bedroht, obwohl sie nur klein wirkte. Ich hatte Angst, dass sie mich jetzt vernichten würde, weil ich so groß geworden war. Das scheint unlogisch, aber es war so. Ich war froh, als sie das Zimmer verließ.
Die Ängste wurden immer schlimmer. Ich war von Spinnen, Ameisen, Dämonen und anderen tierischen und nicht-

tierischen Wesen umgeben, die ich vorher nie gesehen hatte. Wo immer ich hinschaute, fühlte ich mich von diesen fürchterlichen Gestalten bedroht. Diese sonderbaren, furchterregenden Wesen blickten von den Wänden, aus den Vorhängen, vom Kleiderschrank und den Bildern auf mich nieder. Ich glaubte, dass sie mich jeden Moment angreifen und umbringen würden. Ich wehrte mich verzweifelt gegen sie. Gleichgültig, ob ich die Augen geöffnet oder geschlossen hatte, sie waren immer da. Außerdem lachten und grinsten sie mit einem fratzenhaften Blick auf mich herab. Es war wie in einem Zerrspiegel. Ich erlebte dies alles hautnah und hatte keine Möglichkeit zu flüchten.
Ich versuchte öfters, den Rausch aus meinem Körper mit den Händen herauszureißen, indem ich die Finger in den Hals steckte. Ich trank Wasser, damit der Rausch beim Wasserlassen nachließe, oder ich habe mich geschüttelt, damit endlich ein Ende wäre. Nichts hat geholfen, und die Zustände wurden nur schlimmer. Beim Trinken fühlte ich mich als Metalleimer, weil sich mein Bauch wie beim Aufgießen einer Metallkanne anhörte. Das Zimmer wirkte gespenstisch und unheimlich, und ich habe die Bewusstseinsveränderungen noch viel intensiver erlebt als Stunden zuvor in der Küche.
In dieser Nacht machte ich kein Auge zu. Öfters musste ich mich übergeben, weil mir schlecht wurde. Ich hatte außer Übelkeit sonst keine körperlichen Schmerzen. Einfache Bewegungsabläufe habe ich nicht mehr sinnvoll wahrnehmen können und starrte lange Zeit auf bestimmte Gegenstände. Ich war geistig völlig abwesend. Und fast immer ist diese fürchterlich quälende Angst da gewesen.
Die ganze Nacht ließ ich das Radio eingeschaltet, weil mich die Musik einigermaßen beruhigte. Seltsam erscheint mir, dass ich bei Musik immer wieder in kurzen Zeitabschnitten Glückszustände bekommen habe. In manchen Momenten

konnte ich Musiktöne fühlen, als hätte ich sie in der Hand. Mir war dabei, als ob ich selbst alle diese Lieder instrumental begleiten würde, wenn ich mich auf sie konzentrierte. Ich selbst war diese Musik, ich selbst habe sie komponiert, und ich selbst habe sie gespielt. Als Lieder von der Gruppe »Abba« und dem Sänger »Rod Stewart« gespielt wurden, sah ich diese fünf Personen fünf bis zehn Zentimeter groß vor dem Radio stehen. Ich konnte mich mit ihnen unterhalten, und sie haben mir sogar zugewinkt. Dies scheint vielleicht unglaubwürdig, aber so habe ich es erlebt. Solche Phasen hatte ich in dieser Nacht leider nur selten.

Manchmal konnte ich von der Ferne beobachten, wie sich mein Körper in verschiedene Formen verwandelte. Ich sah mich selbst als fremdes Wesen. Ich konnte meinen Körper sogar an einer anderen Stelle im Zimmer wahrnehmen. Ich war nicht mehr allein, sondern habe mich in zwei Teilen gesehen, als Körper und als Geist. Einmal hatte ich meinen eigenen abgerissenen Arm in der Hand vor meinen Augen. Ich hatte Angst, dass ich mich selber zerstückeln würde. Auch starkes Mitleid mit mir selbst trat auf. Ich begann wegen meines jämmerlichen Zustandes zu weinen. Manchmal glaubte ich, dass jetzt der Tod eintreten würde. Wie ich diese Nacht überstanden habe, ist mir heute noch ein Rätsel.

Am nächsten Tag

Als ich mich gegen neun Uhr zum Frühstück hinsetzte, läuteten die Kirchenglocken. Im selben Augenblick schaute ich auf meine Hände und musste mit Entsetzen feststellen, dass sich meine Finger in Kirchenglocken umgewandelt hatten. Ich bekam Panik und wollte schreien. Es gelang mir, mich zu beruhigen, denn ich wollte nicht, dass meine Mutter, die auch in der Küche war, Verdacht schöpfte. Ich blieb ruhig sitzen und schaute verzweifelt auf meine Hände. Ich sah, dass ich keine Finger mehr hatte, und wusste nicht, was ich tun sollte. Im selben Augenblick musste ich laut lachen, weil mir alles so eigenartig vorkam. Als das Glockengeläute aufhörte, war auch der Spuk vorüber. Ich war erleichtert, als ich meine Finger wieder sehen konnte. Danach begab ich mich ins Schlafzimmer und schaute einen Weltcup-Abfahrtslauf im Fernsehen an. Als eine Skiläuferin stürzte, fiel sie aus dem Fernsehgerät. Ich hob sie auf und tröstete sie. Danach habe ich mit ihr ein wenig gesprochen und sie am Bildschirm wieder verschwinden lassen. Ich weinte, weil mich ihr Ausscheiden so gerührt hat. Im Laufe des Vormittags traten dann Gedächtnislücken auf, und ich kann mich für einige Stunden an den weiteren Verlauf des Rausches nicht erinnern. Am Nachmittag musste ich dauernd brechen, weil mir übel war. Dann bekam ich nochmals starke Halluzinationen, wie ich sie in der Nacht erlebt hatte, aber die Ängste waren nicht mehr so intensiv. Später beschloss ich, eine kleine Runde mit dem Auto zu machen. Ich erinnere mich, wie mein Körper und das Auto während der Fahrt immer länger und höher wurden. Mir kam vor, als würde ich in einer zusammengedrückten schmalen Kartonschachtel sitzen. Ich saß einige Meter hoch eingeschlossen und musste mit Entsetzen feststellen, dass ich auf Stelzen fuhr. Ich bekam wieder Angst. Denn alle von der Gegenrichtung kommenden Autos waren winzig klein, und sie verschwanden spurlos unter meinem Auto. Daraufhin ließ ich das Auto wegen dieser Zustände stehen und ging zu Fuß weiter. Während des Gehens sah ich, wie sich meine Beine bis zu fünf Meter nach vorne bewegten, und ich glaubte, fünf bis zehn Beine gleichzeitig zu haben. Außerdem nahm mein Körper eine bleiförmige, gläserne, teils durchsichtige Form an.

Mit der Zeit traten diese furchterregenden Gestalten und diese wirklichkeitsfremde Umgebung, die mich stundenlang in Angst und Schrecken versetzt hatten, nicht mehr so intensiv in Erscheinung. Auch die Intensität der Farben ließ nach. Als ich am Abend wieder das Raum-Zeit-Gefühl hatte, nahm die Umgebung langsam wieder reale Formen an, und die Zeit kam mir nun nicht mehr so unendlich langsam vor. Erst gegen den späteren Abend dieses zweiten Tages hat die Rauschwirkung merklich nachgelassen. Aber bis ich wirklich wieder zur mir selbst gefunden habe, hat es Wochen gedauert.

In diesem Rausch habe ich etwas erfahren, was ich vorher noch nie erlebt habe. Ein solches Erlebnis kann man nur mit einem Albtraum vergleichen, dem man nicht entkommen kann. Was Ängste anbelangt, war dieses Rauscherlebnis eines der schlimmsten, das ich in meiner Drogenabhängigkeit hatte. Nur die Todesängste unter dem Verfolgungswahn waren noch schlimmer. Nach diesem Horrortrip habe ich nie mehr zum LSD gegriffen.

Der Austritt aus meinem Körper

Nachzutragen habe ich noch eine außergewöhnliche Erfahrung, die ich während des LSD-Horrortrips machte. Ich erinnere mich, wie ich plötzlich nicht mehr sehen konnte, obwohl ich die Augen geöffnet hatte. Im selben Moment durchfuhr ich mit großer Geschwindigkeit meinen eigenen Körper. Ich durchfuhr alle meine Blutgefäße und sah meinen Körper von innen. Ein unbeschreibliches, von Spiralen und Kreisen umgebenes Farbenmeer sowie bizarre Farbfontänen wie bei einem Feuerwerk begleiteten meine Reise. Was dann geschah, war für mich unbeschreiblich und für andere unvorstellbar. Man muss es selbst erlebt haben, um es glauben zu können. Ich schoss mit ungeheurer Geschwindigkeit aus meinem Körper heraus und schwebte. Ich sah mich selbst da unten im Bett liegen und betrachtete meinen Körper aus zirka zwei Meter Entfernung. Ich hatte kein Raum- und Zeitgefühl, und das Tastgefühl habe ich nicht mehr wahrgenommen. Die Angstzustände, die ich vorher hatte, waren auf einmal nicht mehr da, und ich befand mich in einem schwerelosen, zufriedenen Zustand der Ruhe. Dann wiederum sah ich von meinem physischen Körper aus, wie mein – ich nenne es jetzt einmal mein Bewusstsein – vom Kleiderschrank auf mich herunterschaute. Wie lange dieser außerkörperliche Zustand gedauert hat, weiß ich nicht. Es kann sich um Minuten oder auch nur um Sekunden gehandelt haben. Danach ging alles rasend schnell. Ich erinnere mich, wie ich zu meinem physischen Körper ruckartig zurückkehrte. Dann waren auch alle Ängste wieder da.

Erst nach der Therapie im Jahre 1987 habe ich dieses außergewöhnliche Erlebnis einem Priester und einem Arzt anvertraut. Beide sagten unabhängig voneinander aus, dass dies die Schwelle zum Tod gewesen sein könnte oder auch durch die starken Halluzinationen hervorgerufen worden sei. Für mich war es eine Erfahrung zwischen Leben und Tod. Ob ich für einen Augenblick schon im Jenseits war oder ob es nur Halluzinationen waren, kann ich nicht sagen. Aber diese Erfahrung hat mir gezeigt, dass es Möglichkeiten gibt, im körperlosen Zustand zu existieren. Diese außersinnlichen Wahrnehmungen werden für mich ein ganzes Leben lang wohl ein Rätsel bleiben.

Dem Heroin verfallen

Als sich meine Freundin nach fast zwei Jahren im Spätsommer 1979 von mir trennte, brach für mich eine Welt zusammen. Ich konnte es nicht begreifen, dass sie mich nicht mehr mochte und dass ich jetzt allein war. Mit der Zeit war ich so am Ende und hatte nur mehr den einen Gedanken, mein Leben bewusst zu zerstören. Schon während der Arbeit habe ich morgens im Klo einen Viertelliter hochpro-

Ich weiß noch genau die Stelle, an der ich zum ersten Mal Heroin genommen habe.

zentigen Schnaps getrunken. Täglich berauschte ich mich, rauchte Unmengen von Haschisch und konnte meine Arbeit nicht mehr gewissenhaft durchführen. Außerdem fuhr ich im Rauschzustand mit dem Firmenauto an einen Baum. Ich sah selbst, dass es so nicht mehr weitergehen konnte, und ich habe den Arbeitsplatz gekündigt. Jetzt hatte ich auch keine Arbeit mehr, und täglich verschlimmerte sich meine Lage. Von da an konsumierte ich alle Rauschmittel, die mir in die Hände fielen.

Der erste »Snief«

Auf der Suche nach Haschisch traf ich einen aus der Szene, den ich vom Sehen her kannte. Er hatte immer was zu »kiffen«. Mir kam es sehr gelegen, dass er diesmal auch Heroin bei sich hatte, weil es mir wegen der Trennung seelisch miserabel ging. Schon Monate vorher war mir von einem

Gezeichnet vom Heroin, 1981

schrägen Typen Heroin angeboten worden, aber damals hatte ich noch große Angst davor. Diesmal war es mir egal. »Es ist ein wunderbares und schönes Gefühl, wenn man dieses Zeug probiert«, sagte er, und mir war in diesem Augenblick klar, dass auch ich es probieren wollte. Ich habe von ihm eine Dosis Heroin bekommen und habe sie ohne Bedenken geschnupft.

Die Wirkung

Unmittelbar nach der Einnahme des Heroins bekam ich ein Gefühl, das man mit Worten nicht ausdrücken kann. Zum ersten Mal war ich völlig im Einklang mit mir selbst. Ich fühlte mich so entspannt und sicher, wie ich es noch nie erlebt hatte. Ich war losgelöst von allen Sorgen, befreit und glücklich; die Angst und die innere Unruhe waren verschwunden. Ich hatte auch kein Verlangen mehr nach meiner Freundin. Ich saß im Auto und träumte vor mich hin. Es war unbeschreiblich. Alles bis daher Gewesene stellte dieses Rauscherlebnis in den Schatten, und ich wollte dieses wahnsinnige Hochgefühl für immer haben. Auch alle vorher erlebten Rauschzustände gerieten nach der Einnahme des Heroins in Vergessenheit; man kann sie nicht vergleichen. Es gab keine negativen Erlebnis- oder Wahrnehmungsveränderungen, keine Halluzinationen oder Angstgefühle, keine Wahnvorstellungen und keine wirklichkeitsfremde Welt mehr, sondern nur intensives Wohlbefinden, vollständige Sorglosigkeit und einen Zustand von erfüllter Zufriedenheit. In diesem Rauschzustand veränderte sich die Welt auf eine ganz andere Weise als durch die vorher eingenommenen Drogen. Nur Positives war Mittelpunkt dieses Rausches. Ich fühlte mich in einem euphorischen Traumzustand, wo nur mehr Friede, Freude und Glück herrschten. Mir war klar, das war es, wonach ich immer gesucht habe.

Nach dieser ersten Einnahme von Heroin glaubte ich, dass ich immer in diesem Zustand des Glücks bleiben würde. Aber nach einigen Stunden ist der Rausch langsam abgeklungen, und ich bin wieder in den Normalzustand zurückgekehrt. Ich habe nach diesem ersten Heroinkonsum keine Entzugssymptome und keine Schmerzen bekommen, und mir ist es nachher viel besser gegangen als vorher. Ich dachte mir, wenn das so ist, dann werde ich mir dieses Glück öfter verschaffen.

Der erste »Schuss«

Die Wirkung des Heroins war so überwältigend, dass ich eine Woche später wieder »Stoff« kaufte und ihn abermals schnupfte. Beim dritten Mal habe ich das Heroin gespritzt. Den ersten »Druck« machte mir ein Freund aus der Szene, und jeden weiteren habe ich mir dann selbst gemacht. Noch während er mir die Nadel hineinjagte, sagte ich laut: »Ich werde von diesem Zeug nie abhängig werden.« Aber hier habe ich mich gewaltig getäuscht. Nach dem Schuss habe ich in Sekundenschnelle ein unbeschreibliches Wohlbefinden bekommen. Es kam der Moment des höchsten Glücks, »der Flash«, der einige Sekunden gedauert hat. Ich verlor jegliche Kontrolle über mich selbst und die Wirklichkeit. Es ist nur mit einem Orgasmus vergleichbar.

Die verheerenden Folgen

Ans Heroin habe ich mich so schnell gewöhnt wie an keine andere Droge zuvor. In nur wenigen Wochen bin ich hochgradig vom Heroin abhängig geworden. Ich war unfähig zu arbeiten, weil ich zu schwach geworden war. Mein ganzes Denken und Handeln war nur mehr auf Heroin und die Beschaffung des Geldes ausgerichtet. Ich musste Heroin um jeden Preis haben und unternahm alles, um ans nötige Geld für einen Schuss zu kommen. Von nun an war ich ständig auf der Suche nach dem Gift.
Mit der Zeit musste ich die Dosis steigern, um die gewünschte Wirkung zu erreichen. Auch die euphorischen Zustände ließen nach, und das Hochgefühl des Glücks, »der Flash«, war nicht mehr so intensiv. Ich brauchte immer größere Mengen Heroin, um mich wohl fühlen zu können. Es kam die Zeit, in der ich nicht mehr auf der Suche nach Rauscherlebnissen war, sondern lediglich die Entzugserscheinungen und die Schmerzen vermeiden wollte. Später löste ich das Heroin in flüssigem Valium auf, um

den Rausch intensiver erleben zu können. Es kam soweit, dass ich an den Armen keine Venen mehr fand, und es mussten mir andere Süchtige den Schuss machen. Die Venen waren teils eitrig, teils schon kaputt. So mussten meine Beine, die Füße, der Hals und sogar die Schläfen herhalten. Meine Einstichstellen sahen aus wie Mückenstiche, und schließlich war mein Körper ständig mit Regenbogenhaut bedeckt. Vier Jahre lang hing ich an der Nadel.

Die Entzugserscheinungen

Es war schrecklich, wenn ich auf Entzug war. Ich bekam starke Gliederschmerzen und Muskelkrämpfe, musste erbrechen und hatte Durchfall oder alles gleichzeitig. Schlafen konnte ich auch nicht mehr. Mir erging es in solchen Augenblicken beschissen, und ich nahm andere Mittel, Tabletten und Alkohol, aber das brachte nichts. Ich hatte nicht den »Kick«, den mir das Heroin gab. Solche Zustände hat es immer wieder gegeben; dann bin ich apathisch und niedergeschlagen im Bett gelegen und wäre am liebsten gestorben. Vor den Entzugserscheinungen habe ich mich am meisten gefürchtet.

Im Krankenhaus

Seit 1975 war ich in der medizinischen Abteilung des Brixner Krankenhauses als Abhängiger bestens bekannt. Immer wieder bin ich wegen Überdosierung verschiedener Rauschmittel eingeliefert worden. Wochenlang musste ich dann im Krankenhaus bleiben und wurde mit dem Ersatzmittel Methadon behandelt. Bei solchen Aufenthalten habe ich mir einmal von Dealern das Heroin ins Krankenhaus bringen lassen. Oft habe ich mich in die Apotheke dieser Abteilung geschlichen und immer dieselben Medikamente gestohlen: Valium und Rohypnol. Das Valium spritzte ich mir im Klo. Wenn ich keine sauberen Spritzen entwenden konnte, holte ich sie mir einfach aus dem Medikamentenmülleimer und reinigte sie mit heißem Wasser. Durch den Gebrauch dieser schmutzigen Spritzen entstanden eitergefüllte Schwellungen und Abszesse, die chirurgisch behandelt werden mussten. Diese operativen Eingriffe haben fürchterlich weh getan.

Der körperliche Verfall

In der schlimmsten Zeit hatte ich monatelang keine sexuellen Bedürfnisse mehr. Besser gesagt, ich bin impotent geworden. Meine Zähne wurden faul und sind nacheinander ausgefallen. Außerdem hatte ich Mundgeruch, stank wie aus einer Kloschüssel, und die Haare am Kopf sind auch immer lichter geworden. Ich vernachlässigte meine Körperpflege und die Kleidung und hatte kein Interesse für andere Dinge. Zusätzlich bekam ich immer größere gesundheitliche Probleme, vor allem mit der Leber, und zum Schluss kam es zur völligen Zerstörung meiner Persönlichkeit.
Ich erinnere mich noch gut daran, wie ich bei meinen Versuchen, vom Heroin loszukommen, gescheitert bin. Ich fühlte mich elend, und schon beim Gedanken, kein Heroin spritzen zu dürfen, bekam ich Depressionen. Ich konnte mir ein Leben ohne Heroin nicht mehr vorstellen. Die Angst, nicht aufhören zu können oder dass das Leben ohne Heroin nicht mehr erträglich sein würde, machte mir gewaltig zu schaffen. In diesen Jahren glaubte ich, mein Leben hinge nur mehr an der Nadel, und ich erwartete es kaum, den nächsten Schuss machen zu können.

Auf der Straße

Täglich schlenderte ich von einer Bar zur anderen oder irrte in der Stadt umher. Wo sollte ich sonst eigentlich hingehen, wenn ich nur mehr dieses Leben kannte? Immer öfters war ich allein und spürte die Einsamkeit. Ich kapselte mich

immer mehr von der Außenwelt ab und wurde zum Einzelgänger. In diesen entsetzlichen Drogenjahren glaubte ich manchmal durchdrehen zu müssen, wenn ich keinen Stoff hatte. Oft war ich in einem solch verwirrten Zustand, dass ich mir das Leben nehmen wollte. Verzweiflung kam auf.
Die Drogen ließen mich ein schmutziges und unehrliches Leben führen. Ich empfand keine Liebe mehr zu den Menschen, und alles war mir gleichgültig. Meine Gefühle wurden stumpf, und die menschlichen Werte wie Freundschaft und Ehrlichkeit gingen verloren. Respekt und Vertrauen kannte ich nicht mehr. Ich konnte mich über nichts mehr freuen. Ich hatte Angst vor der Wirklichkeit, und alle meine Probleme verdrängte ich mit Drogen.
Halbtot streifte ich auf der Straße umher und fand mein Leben jämmerlich. Ich war uninteressiert und apathisch. Nur wenn ich mir einen Schuss machen konnte, fühlte ich mich völlig okay. Die menschliche Nähe konnte ich mit der Zeit nicht mehr ertragen. Einige verachteten mich und beklagten meine arme Familie, die sich zu Hause ängstigte, was ich wohl so allein auf der Straße treiben mochte. Es kam so weit, dass viele nicht mehr mit mir redeten und den Kontakt zu mir vermieden. Durch mein Verhalten habe ich mich immer mehr von den Menschen entfernt, die mich einmal gern hatten. Ich bin so tief gefallen, dass ich mich aus eigener Kraft nicht mehr befreien konnte. Die Drogen bestimmten meinen Tagesablauf, und ich machte mir das Leben selbst zur Hölle.

Zu fünft im Auto Heroin gespritzt

Heroin spritzte ich meistens in öffentlichen Toiletten. Wenn ich genügend Stoff hatte, habe ich mir die Nadel bis zu viermal täglich und auch öfters reingejagt. Sogar in der Kirche habe ich gespritzt. Im Auto habe ich mir eine spezielle Vorrichtung für die Heroinzubereitung eingerichtet.

Manchmal sind wir zu fünft und auch zu sechst im Auto gewesen und haben uns mit nur einer einzigen großen Spritze das Heroin aufgeteilt. Ich hatte Glück, dass ich nicht mit dem HI-Virus angesteckt wurde. Heute weiß ich, dass sich einige, mit denen ich damals im Auto war, mit dem Virus infiziert haben. Irgendwelches Rauschgift musste ich immer bei mir haben, sonst bekam ich wegen der Entzugserscheinungen ein Gefühl der Angst. Wenn ich auf Entzug war und kein Heroin hatte, habe ich mir auch mit hochprozentigem Schnaps und aufgelösten Pillen einen Druck gemacht.

Auf offener Straße zusammengebrochen

Einige Male mussten Freunde den Rettungsdienst verständigen, um mich ins Krankenhaus bringen zu lassen, weil ich auf offener Straße zusammengebrochen war. Sogar die Ordnungshüter haben öfters meine Eltern angerufen, dass sie mich auf der Wache abholen sollten, weil ich in schwerem Rauschzustand auf der Straße liegend gefunden wurde. Wegen meiner extremen Räusche war ich in Brixen stadtbekannt. Ich brauchte die ganze Straße, wenn ich nach Hause torkelte. Ich weiß, dass sich die Leute vor mir geekelt haben, wenn ich mich auf offener Straße übergeben musste. Ich wirkte abstoßend und war ein hoffnungsloser Fall. Niemand konnte für mich etwas tun. Manchmal bin ich an der Brennergrenze im Zug von den Zöllnern oder der Finanzpolizei wachgerüttelt worden, weil ich auf der Heimfahrt vom Drogenkauf in Bozen oder Trient im Rausch eingeschlafen war. Ich erinnere mich nicht, wie ich dann nach Hause kam.

Drogenbeschaffung

Jahrelang war ich mit einem Süchtigen befreundet. Er führte denselben Lebensstil wie ich. Er war von Natur aus ein

Kraftprotz und hatte Muskeln wie ein Bodybuilder. Ich beneidete ihn um die Muskelmasse an seinen Armen. Ich war mit ihm viel zusammen, und wir haben uns fast immer gut verstanden. Stundenlang sind wir in Bars gesessen und haben Karten oder Billard gespielt. Wir hatten nur das Saufen, Pillenschlucken und das Fixen im Kopf. Sehr oft bin ich mit ihm in die Szene nach Bozen gefahren, und wir haben Heroin und andere Drogen gekauft. Gemeinsam haben wir gedealt. In der Szene liefen entsetzliche Gestalten herum, die zum Fürchten waren, oft mit Mäulern ohne Zähne; hatten sie aber welche, dann waren diese gelb, grau oder schwarz. Sie waren zum Skelett abgemagert und hatten eitrige Abszesse an den Armen und Gesichter wie Leichen. Einige solche Knochengerüste sahen aus wie Zombies. Am Ende hatten wir selbst ein solches Aussehen. Täglich sammelten sich Fixer im Talferbett, und es wurde gedealt. Rauschgiftsorten aller Art gab es, wenn das Geld stimmte. Es gab eine Zeit, in der ich mich täglich unter diesen Gestalten aufgehalten habe. Auch nach Trient und Verona bin ich gefahren. Nicht immer hatten wir Geld. Wenn wir auf Entzug waren und Geld Mangelware war, haben wir uns manchmal den Stoff auf unsere Art und Weise geholt. Wir hatten dann kein Mitleid mit anderen Fixern, die das Heroin verkauften. Wir haben es ihnen einfach abgenommen. Keiner wagte etwas zu sagen, sonst hätte es noch Schläge gegeben. Manchmal sind wir auch wie Sprinter davongerannt. Allein hätte ich das nie gewagt, aber in der Gegenwart meines starken Freundes habe ich mich immer sicher gefühlt.
Solche Methoden zur Drogenbeschaffung gab es in der Szene täglich. Wenn es ums Geld oder um die Droge ging, hat jeder selbst schauen müssen, wie er weiterkommt. Bis zu 200.000 Lire musste ich für ein Gramm Heroin hinblättern. Statt gutes Heroin habe ich oft gestrecktes Zeug bekommen. Es kommt immer wieder vor, dass man reingelegt

wird. Auch mir passierte dies öfters. Freundschaften unter Fixern zählen dann nichts, und vertrauen kannst du keinem mehr. Ich selbst habe es ja erlebt, wie man sich gegenseitig bestiehlt. Das Geld wird einem sogar aus der Hand gerissen. Um an den Stoff zu kommen, betrügt man seinen besten Freund. Wirkliche Freundschaften in der Drogenszene kann man vergessen. Wenn man an der Nadel hängt, wird man gefühllos, und das Heroin macht einen kalt. Irgendwann ist Fixern alles egal.

Am Ende haben wir solche Methoden nicht mehr angewandt, weil wir beide so heruntergekommen waren. Ich schaffte es einige Monate später, dem Teufelskreis der Drogen zu entkommen. Er hat es aber nicht geschafft. Durch seine Sucht wurde sein muskulöser Körper innerhalb weniger Jahre zum Skelett, und er ist an den Folgen einer schweren Krankheit gestorben. Auch vielen anderen, mit denen ich in der Szene war, ist dasselbe Schicksal widerfahren.

Das Geld

Als ich noch nicht vom Heroin abhängig war, hat das Geld einigermaßen gereicht. Später habe ich alle Möglichkeiten ausschöpfen müssen und habe alles daran gesetzt, um an die »Knete« zu kommen. Ich fürchtete mich vor den unangenehmen Entzugserscheinungen und wollte es nie so weit kommen lassen.

Als das Geld knapper wurde, blieb mir nichts anderes übrig, als es mir auf der Straße zu holen. Ich hatte ja keine Arbeit mehr. Von meiner Familie habe ich nichts mehr bekommen. Außerdem mussten sie zu Hause alle Türen zu den Räumen, in denen sich Wertgegenstände befanden, verriegeln. Denn ich ließ alles mitgehen. Vor allem aufs Geld und auf Schmuckstücke hatte ich es abgesehen. Wenn ich nicht zu Hause in meinem Zimmer war und dort meinen Rausch auslebte, war ich auf der Straße.

Häufig bin ich zu Ärzten gegangen, um an Medikamente zu kommen. Außerdem übernachtete ich bei Alkoholikern, und wir betranken uns bis zum Umfallen.

Beim Betteln

Um meine Sucht zu finanzieren, brauchte ich viel Geld. Ich musste mich gewaltig anstrengen, um es aufzutreiben. Ich ging so lange betteln, bis ich die Moneten für Heroin beisammen hatte; wenige wollten mir etwas geben. Trotz Regen, Kälte oder Schnee bin ich auf der Straße gestanden. Ich scheute nicht zurück, Passanten auf raffinierte Weise zu belügen, und erweckte manchmal auch Mitleid und Erbarmen. In solchen Situationen habe ich viel Geld zusammenbekommen. Aber nicht jeden Tag hatte ich genügend für einen Schuss. Meistens wurde ich kurz abgefertigt und habe viel einstecken müssen. Es war eine schwere Zeit, die ich auf der Straße durchmachte.

An einen Fall erinnere ich mich noch gut: Es war um Allerheiligen, und ich litt unter starken Entzugserscheinungen. Ich irrte schon die ganze Zeit bettelnd in der Stadt umher. Ich hatte zu wenig Geld beisammen und wurde immer unruhiger. Ich hatte Angst, dass ich diesmal leer ausgehen würde, und ich ging mit letzter Hoffnung zum Friedhof, weil wegen der Feiertage dort viele Leute waren. Der Körper schmerzte, und das seelische Leid tat ein Weiteres dazu. In kürzester Zeit habe ich am Friedhof so viel Geld erbettelt, dass ich mich für die folgenden Tage mit Heroin versorgen konnte. Mitbürger verständigten jedoch die Polizei, die meinem Treiben am Friedhof ein Ende setzte.

Vom eigenen Freund bestohlen

Öfters bin ich mit einem anderen Freund in die Szene nach Bozen gefahren, und wir haben dort Stoff gekauft. Ich hatte einmal viel Geld in der Brieftasche, so um die 300.000 Lire, und auch etwas Heroin für uns selbst. Bevor es zum Kauf kam, setzten wir uns an einer Ecke am Bozner Obstmarkt noch einen Schuss. Kurz darauf brach ich bewusstlos zusammen. Ich hatte eine Überdosis abbekommen. Mein Freund hat sich mit meiner Brieftasche eiligst davongemacht. Passanten fanden mich und verständigten den Rettungsdienst. Ich wurde auf die Intensivstation des Bozner Krankenhauses gebracht. Einige Tage später hat mir die Polizei von Brixen die Brieftasche mit den Dokumenten übergeben. Sie war am Bahnhof in Brixen gefunden worden. Das Geld aber fehlte.

Von anderen Süchtigen ausgenützt

Es gab Zeiten, da hatte ich immer reichlich Drogen zur Verfügung. Ich verkaufte die Ware zu einem niedrigen Preis und habe manchmal sogar an Süchtige, denen es schlecht ging, Haschisch verschenkt. Meine Großzügigkeit hat sich in der Szene schnell herumgesprochen. Wie wilde, gierige Hunde sind sie gekommen. Jeder wollte einen Happen erwischen. In solchen Situationen glaubte ich, dass ich viele Freunde gewonnen hätte. Ich wurde aber um so mehr von ihnen enttäuscht, sobald ich selber keine Drogen mehr hatte. Dann ließen sie mich allein. Keiner hat sich danach um mich gekümmert, wenn ich auf Entzug war und es mir dreckig ging.

Den Körper verkauft

Um zu Rauschmitteln zu kommen, musste ich meinen Körper verkaufen. Für bestimmte sexuelle Handlungen habe ich dann Geld genommen. Einmal sprach mich ein Mann an, der sich als Fotograf ausgab. Er arbeitete für verschiedene Zeitschriften und suchte Männer, die sich nackt fotografieren ließen. Ich war einverstanden und bin dadurch unerwartet zu viel Geld gekommen. Ich bin zu ihm nach Hause gegangen, wo dann von mir in verschiedenen Posen Nacktaufnahmen gemacht wurden. Außerdem habe ich mich bei ganz bestimmten Männern gelegentlich prostituiert.

Ich nahm alles, was meinen Körper betäubte

»Dass ich heute noch lebe, grenzt an ein Wunder«, sagen viele Leute, die mich als Abhängigen kannten. In den letzten Jahren meiner Sucht war ich psychisch wie physisch ein Wrack, gekennzeichnet von jahrelangem Drogenkonsum. Jede Substanz, die einen Rauscheffekt erzeugte, habe ich eingenommen. Ich habe sie geraucht, geschluckt und getrunken, inhaliert, geschnupft oder gespritzt. Ich war der Sucht so verfallen, dass ich ohne diese Mittel nicht mehr leben konnte. Beim Kauf schaute ich nicht mehr auf die Qualität. Haschisch hat mich nicht mehr so interessiert. Ich suchte nach immer stärkeren Mitteln und habe alles eingenommen, was ich bekam. Aus Drogen, Medikamenten und Alkohol habe ich Mixcocktails gemacht. Mit allem, was ich eingenommen habe, habe ich übertrieben. Ich konnte mich nicht mehr kontrollieren. Um einen noch intensiveren Rauschzustand zu bekommen, löste ich das Heroin in

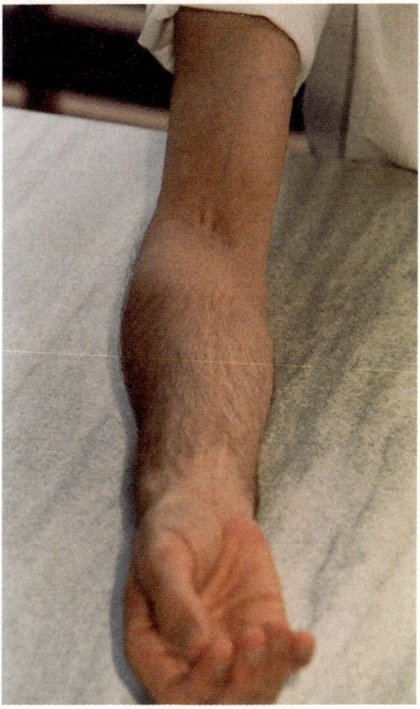

den letzten beiden Jahren meistens in Valium auf und spritzte es mir in die Venen. Ich wurde nahezu verrückt auf einen solchen Schuss. Heute noch kann man die Narben der Einstichstellen an beiden Armen erkennen.

Medikamente

In all diesen Jahren war ich von Schlaf- und Beruhigungsmitteln schwerstens abhängig. Mein Hausarzt hat mir die Verschreibung von Medikamenten mit Suchtpotential verweigert. Daraufhin habe ich den Arzt gewechselt. Im ganzen Eisack- und Pustertal habe ich Ärzte aufgesucht, um ans »Glück aus der Schachtel« zu kommen. Ich habe einen Arzt gekannt, der mir die Medikamente verschrieb, die ich haben wollte. Ich musste dafür 10.000 Lire und mehr – ein Batzen Geld in dieser Zeit – hinblättern. Ich war gierig auf bestimmte Medikamente, vor allem auf das starke Schlafmittel Rohypnol, damals noch zwei Milligramm, und das starke Beruhigungsmittel Valium. Oft habe ich mir dasselbe Medikament von mehreren Ärzten verschreiben lassen. Ich habe sie belogen, um an Medikamente zu kommen. Wenn sie mir keine verschrieben, wurde ich aggressiv. Öfters wurde ich deshalb aus Arztpraxen hinausgeworfen. Ständig musste ich daran denken, wie ich mir den Medikamentennachschub sichere.

Ich habe Rezepte gestohlen und gefälscht und damit den Apotheker betrogen. Außerdem habe ich im Krankenhaus und in Arztpraxen Medikamente aller Art »mitgehen« lassen. Sogar eine Kartonschachtel Valiumphiolen habe ich einmal im Krankenhaus gestohlen. Niemand hat mich dabei gesehen, und ich war für die nächsten Monate mit Vorrat eingedeckt. Mit diesem Fang war ich für kurze Zeit der glücklichste Mensch der Welt.

Ich nahm immer mehr Schlaf- und Beruhigungsmittel, später sogar Amphetamine mit Wein, Bier und Schnaps ein.

Wenn ich kein Heroin hatte, konsumierte ich große Mengen von Rohypnoltabletten mit Schnaps. So unglaubwürdig es erscheinen mag, ich habe einmal einen Dreiviertelliter »Jägermeister« und dreißig Rohypnoltabletten innerhalb weniger Minuten eingenommen. Nicht einmal das Krankenhaus musste ich aufsuchen, nichts ist mir passiert. Ich musste nur viel schlafen. Es gab Tage, an denen ich eine ganze Schachtel Rohypnoltabletten konsumiert habe. Dieses Medikament hatte ich besonders gern, weil die Wirkung rasch eintrat und lange anhielt. Außerdem war der Rauschzustand extrem stark. Zusätzlich habe ich Rohypnol mit Haschisch oder Tabak gemischt und es geraucht.

Amphetamine

Bevor ich auf das Heroin kam, habe ich zeitweise auch Amphetamine genommen. Diese Aufputschmittel wirkten so antriebssteigernd, dass ich immer aktiv war und die Nächte durchmachen konnte. Sie haben mir das gegeben, wonach ich immer gesucht habe. Ich fühlte mich nach der Einnahme dieser Droge viel leistungsfähiger und wortgewandter. Ich hatte keine Angst, und mich überkam eine überwältigende Euphorie. In manchen Momenten bekam ich Allmachtsgefühle und glaubte, der Größte auf dieser Welt zu sein. Ich erinnere mich, wie ich stundenlang mit anderen Jugendlichen reden konnte und vom Reden nicht genug bekam. Ich hatte kein Schlafbedürfnis und habe mich bis zum frühen Morgen in Bars und Diskotheken aufgehalten. Solche Rauschzustände dauerten oft bis zu zwölf Stunden und auch länger.

Darauf folgte dann meistens der Katzenjammer. Ich bekam rasendes Herzklopfen und glaubte, dass das Herz in jedem Moment herausfallen würde. Übelkeit überfiel mich, und ich musste erbrechen. Anstatt energiegeladen zu sein, bekam ich Angst und fühlte mich unwohl, schlapp und müde.

Ich war fix und fertig, nervös und gereizt. Nichts machte mir mehr Spaß. Um nicht noch quälendere Entzugserscheinungen zu bekommen, habe ich gierig zur nächsten Dosis gegriffen, um das ersehnte Wohlgefühl zu erreichen. Öfters brach ich dann erschöpft zusammen und hatte vielfach Halluzinationen und Wahnvorstellungen. Außerdem litt ich noch mehr unter Schlaflosigkeit. Um diese unangenehmen Nebenwirkungen zu unterdrücken, musste ich wiederum zu starken Schlafmitteln und Opiaten greifen. Ich befand mich in einem Teufelskreis, aus dem es kein Zurück gab.

Meine tägliche Dosis

Es klingt unwahrscheinlich, wie an manchen Tagen meine Dosis ausgesehen hat. Jeden Tag musste mein Körper mit verschiedenen Drogen voll gepumpt werden. Essen konnte ich nur mehr wenig. Ich trank meistens gleich nach dem Aufstehen einen halben Liter Wein, später kam hochprozentiger Schnaps dazu. Es wäre mir unmöglich gewesen, mich sonst auf den Beinen zu halten, weil ich so gezittert habe. Außerdem hätte ich sonst noch andere körperliche Entzugserscheinungen bekommen. Den Rest des Liters leerte ich bald danach in einem Zug. Es gab Zeiten, in denen ich bis zu vier Liter Wein oder Bier täglich getrunken habe. Dazu kamen noch Aperitifs und Schnäpse. Ich schluckte Unmengen von Tabletten und spritzte Heroin und Valium. In der Nacht musste ich oft aufstehen, um mir einen Schuss zu machen, oder ich habe Haschischzigaretten geraucht. Einmal habe ich sogar 98-prozentigen reinen Alkohol getrunken, der mir fast den Magen zerrissen hat. Auch hochprozentigen Spiritus habe ich mir in die Venen gespritzt. Manchmal habe ich meinen jüngeren Bruder zum Schnapseinkaufen geschickt, weil ich den Weg dorthin wegen meines schlechten Zustands nicht mehr geschafft habe. Er wusste nicht, dass ich so schwere Alkoholprobleme hatte, denn er war zu jung, um es zu verstehen. Wenn ich manchmal die Kraft dazu hatte, habe ich bei einem Bauern ausgeholfen, der mir immer reichlich Wein von seinem Eigenbau zu trinken gab. Manchmal habe ich auch einige Lire bekommen. Niemand kann sich vorstellen, wie viel Liter Alkohol ich während meiner Abhängigkeit wohl getrunken haben mag. Es werden sicher einige tausend (!) Liter gewesen sein.

Zu Hause

Tagelang war mein liebster Aufenthaltsort das Bett. Ich habe mich vorher reichlich mit Rauschmitteln verschiedener Art eingedeckt. Alles habe ich fein säuberlich in meinem Zimmer in der Schublade aufbewahrt. Medikamente aller Art, Haschisch, Heroin und Alkohol haben meinen Tagesbedarf für längere Zeit gedeckt. Man kann sagen, ich hatte dort ein Apothekerlager. Ich habe mich vollständig isoliert und niemanden in meine Nähe gelassen, auch nicht meine Familie. Ich wollte meine Ruhe haben, den Rausch erleben, schlafen und glücklich sein. Ich habe mich eingeschlossen und konnte mir keinen Tag ohne Drogen vorstellen.
Nach tagelangem Aufenthalt im Zimmer roch die Luft abgestanden und muffig. Selten habe ich gelüftet. Die weißen Möbel sind vom Haschisch- und Zigarettenrauch gelb geworden. Ans Aufräumen habe ich nicht gedacht, und überall lagen leere Ampullen und Weinflaschen. Sogar ins Bett habe ich einige Male gemacht, weil ich mich nicht mehr kontrollieren konnte. Ich hauste wie ein Schwein im Stall.

Gedächtnislücken

Im Jahr 1982 hatte ich erste starke Anzeichen von Folgeschäden. Es traten Erinnerungslücken auf. Mein Gehirn funktionierte nicht mehr richtig, und ich konnte nicht mehr klar denken. Die zeitliche Orientierung fiel aus. Der

Ablauf der Tage und der Jahreszeiten war mir kaum mehr bewusst. Außerdem habe ich jeglichen Realitätsbezug verloren. An diese Zeit kann ich mich kaum erinnern. Nur durch Zeugenaussagen und die Krankengeschichten war es mir möglich, diese Zeit zu rekonstruieren.

Psychische Probleme

Durch die jahrelange Einnahme von Drogen bekam ich Depressionen und war deshalb seit 1975 immer wieder in ärztlicher Behandlung. Ich bekam Antidepressiva verschrieben. Oft habe ich nachgedacht, warum ich nicht so sein kann wie normale Menschen. Warum mache ich mir das Leben hier auf Erden selbst zur Hölle? Warum muss gerade ich diesen Weg gehen? Warum habe ich dieses Schicksal? Warum können andere Menschen miteinander umgehen und ich nicht? Warum, warum, warum ...? Lauter Fragen, die ich damals nicht beantworten konnte. Diese Fragen habe ich mir nur in nüchternem Zustand gestellt, und ich wusste im Grunde, dass ich selber schuld war.

Mit der Zeit befand ich mich in einer unerträglichen Lage und musste oft verzweifelt weinen. Meistens lag ich im Bett wie ein Häuflein Elend und habe oft ans Sterben gedacht. Manchmal habe ich weinend zu meiner Mutter gesagt, ich möchte so gerne einschlafen und nicht mehr aufwachen. Ich fühlte mich einsam und hilflos auf dieser Welt. Außerdem plagten mich Schuldgefühle gegenüber meiner Familie. Ich hatte Sehnsucht nach Wärme, Geborgenheit und Liebe, aber wegen des Missbrauchs von Drogen habe ich sie nicht empfunden. Häufig überfiel mich großes Selbstmitleid. Wie oft habe ich gesagt: »Keiner mag mich, niemand versteht mich, und alle sind gegen mich.« Ich hatte Angst vor dem Leben und bekam alle Zustände.

Mein Suchtleben hat mich immer schwerer belastet, und mir wurde schließlich alles egal. Hilflos war ich den Drogen ausgeliefert. Quälende Entzugserscheinungen, Schlafstörungen, Probleme mit dem Gesetz und Konflikte in zwischenmenschlichen Beziehungen führten zu schwersten psychischen Problemen. Mein Gehirn war sozusagen in einem Erschöpfungszustand. Ich fühlte mich wegen meiner Abhängigkeit als Mensch nicht angenommen und wertlos. »Ich bin ein Versager und ein Stück Dreck«, habe ich mir oft gedacht. Ich hatte keine Freude mehr am Leben und sah kein Ziel und keinen Sinn. Resignation und Hoffnungslosigkeit kamen auf. Wegen der Drogenabhängigkeit bin ich in die falsche Richtung marschiert.

Selbstmordversuche

Die Gedanken an Selbstmord spukten immer wieder in meinem Kopf herum. Unzählige Male habe ich darüber nachgedacht, wie ich mein Leben auslöschen könnte. Mein selbstmörderisches Denken hat mich in noch tiefere Depressionen getrieben. Von 1975 bis 1983 habe ich öfters versucht, mir mit Alkohol und Tabletten das Leben zu nehmen. Es ist mir aber nie gelungen, oder ich wurde rechtzeitig gefunden und im Krankenhaus gerettet. Außerdem wollte ich einige Male von einer Brücke springen. Als es so weit war, und ich von der Brücke in die Tiefe sah, hatte ich ein dumpfes Gefühl im Magen und bekam Herzrasen. Zum Springen fehlte mir dann der Mut. Der Gedanke, mich von einem Eisenbahnzug überrollen und zerstückeln zu lassen, kam mir auch gelegentlich.

In einem Zustand der Verzweiflung habe ich mir im Jahr 1983 in meinem Zimmer mit einer Rasierklinge die Pulsader der linken Hand durchtrennt. Als das Blut herausspritzte, wurde mir bewusst, was ich angestellt hatte. Ich schrie laut um Hilfe. Meine Mutter und meine Schwester liefen herbei und haben mir den Arm abgebunden. Der Rettungsdienst Weißes Kreuz brachte mich ins Kranken-

haus. Nach dem Nähen der Wunde wurde ich in die psychiatrische Abteilung des Bozner Krankenhauses eingeliefert und blieb dort einige Zeit.
Ich war in einem schrecklichen Zustand. Ich kann verstehen, warum ich damals meinem Leben öfters ein Ende setzen wollte. Aber heute danke ich Gott, dass mir die Selbsttötung nie gelungen ist.

Ein Selbstmordversuch, der keiner war

Bewusst habe ich diesen Vorfall niedergeschrieben, um aufzuzeigen, in welch erbärmlichem und geistig verwirrtem Zustand ich gelebt habe. Es war ein Vorfall, der sich Anfang der achtziger Jahre auf dem Balkon zu Hause abspielte, an den ich mich aber selbst nicht erinnern kann. Er wurde mir öfters von meiner Familie erzählt; diese berichtet wie folgt: Ich hatte in berauschtem Zustand Streit mit meiner Schwester. Sie wollte mit mir nicht mehr sprechen. Diese Ablehnung hat mich derart verletzt, dass ich einen Strick vom Keller holte, zum Balkon im ersten Stock ging und mich aufhängen wollte. Ich befestigte das Seil am Balkongeländer, schnürte es aber um meinen Bauch anstatt um den Hals. Danach ließ ich mich ganz vorsichtig bis zur Fenstermitte hinunter, wo mich alle sehen konnten. Ich blieb einige Zeit hängen und schaute mit verzerrtem Gesicht zum Küchenfenster hinein. Ich wartete darauf, was jetzt passieren würde. Ich drohte hinunterzuspringen, sollte meine Schwester nicht wieder mit mir reden. Sie lenkte ein, und für mich war es somit wieder gut. Meine Angehörigen waren erleichtert, als sie sahen, dass nichts Ernstes geschehen war.
Wenn ich mich an diesen Fall auch nicht mehr genau erinnern kann, habe ich doch oft darüber nachgedacht, was ich eigentlich mit diesem Verhalten gegenüber meiner Familie ausdrücken wollte. Es war wohl ein Hilfeschrei und ein Zeichen meiner Hoffnungslosigkeit. Damit wollte ich sagen:

»Schaut her, hier bin ich, habt Mitleid mit mir und helft mir!«

Entzugserscheinungen

Nie hätte ich gedacht, dass man unter Entzugserscheinungen so fürchterliche Schmerzen haben kann. Anfangs glaubte ich, dass ich sie nie bekommen würde, und war überzeugt, mich kontrollieren zu können.
Jahrelang litt ich auch schon während der Rauschzustände häufig unter körperlichen Störungen wie Übelkeit und Erbrechen, Magen- und Kopfschmerzen sowie Appetit- und Schlaflosigkeit. Wenn ich aber auf Entzug war, waren diese Schmerzen um ein Vielfaches stärker. Außerdem kamen dann noch Gliederschmerzen und Muskelkrämpfe, Schweißausbrüche und Zittern dazu. Dann waren noch die seelischen Störungen wie Angstzustände und innere Unruhe, ebenso depressive und gereizte Stimmung.
Ich hatte nicht immer Ersatzstoffe zur Verfügung, da ich die Entzugserscheinungen als unerträglich erlebt habe. Schweißgebadet bin ich oft im Bett gelegen und habe am ganzen Körper gezittert. Etwas war immer, das schmerzte. Zusätzlich packten mich beim Heroinentzug Schüttelfröste oder Hitzewallungen, und ich wusste nicht, ob ich zu kalt oder zu warm hatte. Um mich ruhig zu stellen, versuchte ich, mich mit Tabletten und Alkohol zu betäuben; es hat allerdings wenig genützt. Am Morgen war es besonders schlimm, wenn mich Brechreiz überfiel. Manchmal versagten meine Beine, wenn ich mich ins Bad schleppte. Vor der Kloschüssel bin ich dann zusammengebrochen. Kalter Schweiß ist mir von der Stirn geronnen, wenn ich mit nüchternem Magen brechen und ekelhaften Schleim spucken musste, der mir unangenehm im Halse steckte und dann an den Fliesen klebte. In solchen Augenblicken war ich in einem hoffnungslosen Zustand, und ich habe mich

vor mir selbst gegraust. Das Aufputzen überließ ich der Mutter. Es gab Situationen, in denen ich wegen seelischer sowie körperlicher Schmerzen geschrien habe. Einmal mussten mich sogar meine Geschwister zu viert halten, weil ich durchgedreht habe.
Ich kann gut verstehen, wie sehr die Süchtigen die Entzugserscheinungen, den so genannten »Turkey«, fürchten.

Todesängste

In meiner Abhängigkeit wurde die Angst zu meinem ständigen Begleiter. Wenn ich Halluzinogene oder aufputschende Drogen eingenommen hatte, war die Lage besonders schlimm. Ich war dann vollkommen orientierungslos und habe mich in meine eigene Welt zurückgezogen und manchmal Todesängste bekommen. Ich war dann psychisch so am Ende, dass ich nicht mehr wusste, was ich tat. Das war für meine Familie natürlich sehr belastend. Öfters mussten meine Mutter oder eines meiner Geschwister die Nacht bei mir im Schlafzimmer verbringen, wenn ich unter solchen Halluzinationen litt.
An einen Fall, der sich in den achtziger Jahren zugetragen hat, erinnere ich mich noch gut. In dieser Nacht habe ich unter den schwersten Ängsten zur Zeit meiner Abhängigkeit gelitten. Auch die Mutter und die Geschwister haben mir diesen Vorfall öfters erzählt. Ich weiß nicht mehr, welche Droge der Auslöser war. In diesem Rauschzustand sind Parallelen zum LSD-Horrortrip im Dezember 1978 aufgetreten. Diese Halluzinationen haben weniger lang gedauert, waren aber in manchen Phasen intensiver; kaum zu glauben, was ich damals erlebte.
Als ich am Abend nach Hause kam, glaubte ich plötzlich furchterregende Gestalten im Garten und auf der Wiese zu sehen. Ich flehte meine Mutter an, mich zu beschützen, weil mich mehrere Hubschrauber und schwer bewaffnete

schwarze Männer mit Helmen verfolgen würden. Ich bat meine Mutter, mit mir ins Freie zu gehen und mir zu helfen, diese Gespenster zu vertreiben. Es war stockfinster. Ich klammerte mich wie ein kleines Kind an meine Mutter und suchte Schutz, damit mir diese Ungeheuer nichts antun könnten. In der Zwischenzeit sind auch meine Geschwister und der Vater dazugekommen. Ich geriet immer mehr in Panik, als ich diese Ungetüme wieder einige Meter vor mir sah. Ich blieb wie gelähmt stehen. Mit starrem Blick und mit weit geöffneten Augen schrie ich: »Seht ihr sie nicht? Hier sind sie, jetzt kommen sie und holen mich, jetzt werden sie mich umbringen, und ich muss sterben!« Meine Mutter nahm mich in die Arme, und alles bewegte sich im Wind. Diese Wesen, vor denen ich mich so fürchtete, das waren die Lichtmasten und die Verkehrsschilder, die Heuballen und die Sträucher, das Gras und die Steine. Mittlerweile hatte ich mich beruhigt und ging mit meiner Familie ins Haus.

Als ich wieder aus dem Fenster blickte und draußen einen riesengroßen Mann sah, von dem ich mich bedroht fühlte, drehte ich durch. Ich ging in die Küche, holte ein langes Fleischmesser und stürzte ins Freie. Ich lief zu dieser vermeintlichen Gestalt hin und fing an, wild um mich herumzustechen. In der Zwischenzeit haben meine Eltern die Ordnungshüter alarmiert, weil sie befürchteten, dass ich mir selbst etwas antun könnte. Die Polizisten waren sofort zur Stelle und haben mich durch ein Gespräch beruhigt. Dieser riesengroße Mann, vor dem ich mich so gefürchtet hatte, war diesmal der Fichtenbaum im Garten.

Es hat lange gedauert, bis ich mich von diesen Ängsten einigermaßen erholt habe. Wenn ich heute zurückblicke und diese Bilder an mir vorbeiziehen lasse, habe ich noch immer das Gefühl, dass es sich wirklich so zugetragen hat, wie ich es damals im Verfolgungswahn erlebt und gesehen habe.

Gewissensbisse

Quälend waren auch die Gewissensbisse. Es gab Zeiten, in denen ich vieles bereute. Oft hat es mir im Nachhinein Leid getan, wie ich mit mir, mit meiner Familie und mit anderen Menschen umgegangen bin. Ich wurde von Schuldgefühlen geplagt. Manchmal waren diese Gefühle so stark, dass ich im Beisein meiner Mutter weinte. Ich bat sie um Vergebung und entschuldigte mich für mein Verhalten. Im Bett habe ich auch oft geweint und wollte so sein wie normale Menschen. Aber dazu war ich nicht mehr fähig. Zu tief war ich gefallen. Ich erinnere mich, wie ich manchmal die Kirche aufgesucht habe, um Jesus um Verzeihung zu bitten.
Um meine Schuldgefühle nicht so stark wahrzunehmen und einen guten Willen zu zeigen, habe ich einige Male zu Hause im Haushalt oder bei der Garten- und Holzarbeit geholfen. Es war aber meistens nur von kurzer Dauer. Nach einigen Tagen hat mich die Vergangenheit wieder eingeholt.

Gegen das Gesetz verstoßen

Ich hatte immer ein mulmiges Gefühl, wenn ich auf die Polizeiwache musste. Die Polizei soll sich lieber um andere Dinge kümmern und mich in Ruhe lassen, dachte ich. Mir war es egal, wenn ich Drogen verkauft oder verschenkt habe und gegen die rechtlichen Bestimmungen des Betäubungsmittelgesetzes verstoßen habe. Ich hasste das Gesetz und die Polizei, und ich sah sie als meinen größten Feind. Obwohl die Beamten versuchten, mir zu helfen, gingen sie mir auf die Nerven. Ich glaubte immer, die Ordnungshüter seien hinterhältig und wollten mich nur ins Gefängnis bringen. Heute sehe ich sie aus einer ganz anderen Sicht, und ich bin froh, dass es sie gibt.
Von 1972 bis 1983 bin ich öfters mit dem Gesetz in Konflikt gekommen. Ich musste mich wegen Gewalttätigkeit,

Diebstahl und Betrug, Urkunden- und Rezeptfälschung vor Gericht verantworten. Wegen Drogenhandels wurde ich nie angeklagt, weil sie mich nie erwischt haben. Bei den Ordnungshütern war ich als Alkohol- und Drogenabhängiger bestens bekannt, und ich war für sie eine Nervensäge, weil sie so oft wegen meiner »Ausraster« von meiner Familie zu Hilfe gerufen wurden. Einige Male hat mich die Polizei erwischt, wie ich mit gestohlenen Kleinmotorrädern in berauschtem Zustand Runden gedreht habe. Mein Verhalten gegenüber den Ordnungskräften war überaus frech und herausfordernd, so dass mir einmal ein Polizist eine kräftige Ohrfeige gab. Oft bin ich im Rauschzustand Auto gefahren und hatte Glück, dass ich nie gefasst wurde und dass mir der Führerschein nie entzogen wurde. Dass ich nicht öfters im Gefängnis war, kommt mir heute noch merkwürdig vor. Häufig ist mein Vater zu den Ordnungshütern gegangen und hat ein gutes Wort für mich eingelegt.

Als ich zu Hause wieder einmal randalierte, sagte ein Polizist zu mir: »Konrad, merk dir, irgendwann kriegen wir dich.« Und sie haben mich bekommen. Wegen erschwerten Handtaschendiebstahls wurde ich im Mai 1983 verhaftet und kam ins Gefängnis von Bozen. Dort saß ich vier Tage. Die erste Nacht verbrachte ich in einer Einzelzelle, um auszunüchtern. Tags darauf kam ich in eine Zelle, in der schon vier Häftlinge saßen. Diese vier Tage haben mich fast zum Wahnsinn gebracht, weil ich mich der Freiheit beraubt fühlte, und ich war sehr deprimiert.

In den Monaten nach dem Gefängnis hatte ich wochenlang ununterbrochen schwerste Rauschexzesse, weil ich es nicht verkraften konnte, dass ich im Gefängnis gewesen war. Ich schämte mich vor den Leuten, die mich kannten. Meine Familie befürchtete, dass es mit mir jetzt zu Ende gehe.

Heute bin ich der Polizei dankbar dafür, dass ich verhaftet wurde. Erst aufgrund dieses Gefängnisaufenthaltes begann ich Monate später, über mein zukünftiges Leben nachzudenken. Alle Gerichtsverfahren, über die ich noch ausführlicher im Abschnitt »Therapie« berichten werde, fielen positiv für mich aus. Im Jahr 1997 habe ich um die Rehabilitierung meiner Vorstrafen bei Gericht angesucht und musste im Dezember 1997 ein letztes Mal vor dem Richter erscheinen. Ich bekam ein verfrühtes Weihnachtsgeschenk, denn alle meine Vorstrafen wurden aus dem Strafregister gestrichen.

Dem Tode nahe

Öfters lag ich auf der Intensivstation im Krankenhaus von Brixen. Hilflos fühlte ich mich ans Bett gefesselt und hatte die Augen geschlossen. Die Kanülen in den Venen und ein dünner Plastikschlauch, der zu dem Tropf mit der Medikamentenflüssigkeit führt, retteten mein Leben. Das waren dramatische Szenen. Meine Eltern waren von solchen Nachrichten immer zutiefst schockiert und wussten sich nicht zu helfen. Betroffen, hilflos und stumm standen sie am Krankenbett und machten sich wegen meines Gesundheitszustandes große Sorgen.
Wie oft ich von 1975 bis 1984 ins Krankenhaus eingeliefert wurde, kann ich nicht sagen. Aber es sind viele Male gewesen. Öfters musste ich in diesen Jahren wiederbelebt werden und lag dann wochenlang in der medizinischen Abteilung. Wegen meiner Überdosierungen von Heroin, der Medikamentenvergiftungen oder der Alkoholkomas sowie der Depressionen, war ich im Krankenhaus bestens bekannt. Außerdem erkrankte ich 1980 an Gelbsucht und musste lange in der Isolierstation verbleiben. Ich hatte genügend Zeit, über alles nachzudenken und erinnerte mich wieder einmal daran, wie alles angefangen hatte: Die erste Überdosis Heroin erlebte ich in meinem Zimmer zu Hause. In letzter Minute wurde ich gefunden. An jenem Nachmit-

tag wollte mich zufällig ein Schulfreund besuchen. Er fand die Tür verschlossen und benachrichtigte meine Mutter. Als ich auf ihr Klopfen hin nicht öffnete, schaute mein Schulfreund durchs Schlüsselloch und sah mich regungslos auf dem Stuhl sitzen. Er öffnete daraufhin gewaltsam die Zimmertür, und ich wurde ins Freie gebracht. Die Rettung wurde sofort verständigt. Meine Gesichtshaut, die Finger- und Fußnägel waren schon blau angelaufen, und die Augen hatten sich nach oben verdreht. Ich gab kein Lebenszeichen mehr. Mit Blaulicht wurde ich ins Krankenhaus gebracht. So haben es mir meine Eltern nachher erzählt.
Einmal fanden mich Passanten bewusstlos in meinem Auto neben der Hauptstraße. Ein weiteres Mal wurde ich in einem Hinterhof mitten in der Stadt ohnmächtig aufgefunden. Und wieder ein anderes Mal lag ich am Abend vor einer Bar mitten auf der Straße. Es waren Freunde, aber auch fremde Leute, die sofort Hilfe geleistet und die Rettung gerufen haben. Ich bin diesen Menschen und den Ärzten dankbar, dass sie mir immer geholfen haben. Mir wurde erst im Nachhinein von den Ärzten gesagt, dass meine Zustände oft sehr kritisch und knapp waren, und es habe sich meistens nur mehr um Minuten zwischen Leben und Tod gehandelt.

Ich habe mich schon aufgegeben

Ich war auf dem besten Weg zu meiner Selbstzerstörung, und es hätte nicht mehr lange gedauert, bis es so weit gewesen wäre. Vergebens kämpfte ich gegen meinen wachsenden Drogenkonsum. Ich brauchte damals professionelle Hilfe, denn ich war schwer krank. Wer abhängig ist, kann sich aus eigener Kraft nicht mehr helfen, davon bin ich heute überzeugt. Oft dachte ich, dass es sowieso keine Rettung für mich gäbe. Ich war in meiner Entwicklung stehen geblieben und hatte keineswegs die Reife eines Siebenundzwanzigjährigen. Es musste so weit kommen, dass mein Körper und meine Psyche schwer erkrankten, bis ich zur Vernunft kam. Fast wäre es zu spät gewesen. Heute blicke ich ungläubig in die Vergangenheit zurück, und es ist mir unvorstellbar, welche Mengen an Alkohol, Medikamenten und Drogen mein Körper in all diesen Jahren verarbeiten musste. Der damalige Primar der medizinischen Abteilung hat mir einmal gesagt: »Sie müssen ein ganz gesunder Bub gewesen sein, sonst wäre das nicht möglich gewesen. Hätten Sie nicht das Herz zweier Stiere, wären Sie längst schon tot.«

DRITTES KAPITEL

Wende und Befreiung

1983 die Wende

1983 war das ausschlaggebende Jahr, in dem ich das erste Mal über eine Therapie nachgedacht habe. Nicht weil ich mich ändern oder ein normales Leben führen wollte, sondern weil in diesem Jahr drei verschiedene Situationen eintraten, vor denen ich Angst bekommen habe: Krankheit der Beine, Krankheit der Leber und Angst vor dem Gefängnis. Ich stand so stark unter Druck, dass ich keinen anderen Ausweg mehr sah, als mich einer Therapie zu unterziehen.

Meine Beine erkrankten

Im Sommer 1983 habe ich mit meinem Vater und seinen Freunden eine zwölfstündige Bergwanderung unternommen. Ich war froh, dass ich mitgehen durfte, weil ich mich von den wochenlangen Rauschexzessen nach dem Gefängnisaufenthalt erholen wollte. Nach dieser Wanderung hatte ich Gelenkschmerzen in den Beinen und glaubte, dass dies nur ein Muskelkater sei, und machte mir deshalb keine Sorgen. Obwohl meine Beine in den darauf folgenden Tagen immer noch schmerzten, hörte ich nicht auf diese Warnsignale. Ich spritzte immer mehr Heroin und starke Beruhigungsmittel, um die Schmerzen nicht empfinden zu müssen. Der Zustand der Beine verschlimmerte sich von Monat zu Monat. Als die Schmerzen immer unerträglicher wurden und ich auf offener Straße öfters zusammengebrochen war, bekam ich es mit der Angst zu tun und begab mich zur Kontrolle ins Krankenhaus. Ich wurde an den Hüften und Beinen untersucht, aber die Ärzte konnten keine besondere Diagnose stellen und ließen mich gehen.

Die Angst vor der Krankheit

Einige Wochen später musste ich zu einer Untersuchung ins Krankenhaus, weil ich seit Monaten Schmerzen und einen unangenehmen Druck auf der rechten Oberseite des

Bauches verspürte. Ich hatte sehr hohe Leberwerte; die Leber befand sich in einem kritischen Zustand. Der damalige Primar machte mir nichts vor und sagte: »Wenn du so weitermachst, hast du noch zwei Jahre zu leben.« Diese Aussage hat voll in mein Gehirn eingeschlagen, und ich bekam es mit der Angst zu tun. Diese Angst ließ plötzlich einen Funken Vernunft in meinen verwirrten Kopf steigen, und ich dachte über Leben oder Tod nach. Aber nach einigen Tagen hatte ich die Warnung des Arztes schon vergessen und vergiftete den Körper weiterhin mit Drogen.

Die Angst vor dem Gefängnis

Als ich dann im Spätherbst 1983 die Vorladungen zu den bevorstehenden Gerichtsverhandlungen wegen verschiedener Delikte erhielt, blieb mir vor Schreck das Herz stehen. Ich geriet in Panik, weil ich mit einer höheren Freiheitsstrafe zu rechnen hatte. Die Angst vor dem Gefängnis war derart groß, dass mein Entschluss fest stand: »Nur nicht in den Knast kommen!«

Ich stand unter Druck

Auf mir lastete demnach im Dezember 1983 großer Druck. Ich befand mich in einer schweren gesundheitlichen Notlage, und der Weg ins Gefängnis war nicht mehr weit. Heute verstehe ich es und bin froh, dass damals diese drei Situationen gleichzeitig eingetreten sind. Wenn ich nicht diesem Druck ausgesetzt gewesen wäre, hätte ich sicherlich nicht den Weg zur Therapie gefunden. Ich musste mich entscheiden, ob mir ein Leben ohne Drogen lieber war oder ob ich dieses elende Leben so weiterführen wollte. Hätte ich mich nicht für die Therapie entschieden, wäre ich für längere Zeit in den Knast gekommen, und die Leber hätte vielleicht innerhalb von drei Jahren versagt. Und außerdem weiß ich nicht, was aus meinen Beinen geworden wäre.

Vor allem meiner Familie bin ich dankbar, dass auch sie mich unter Druck gesetzt und mir gezeigt hat, dass es so nicht mehr weitergehen könne. Sie ist in jeder Lage hinter mir gestanden, und so hat sich die Chance ergeben, dass ich ein neues Leben beginnen konnte.

Meine Familie hat eine schwere Zeit durchgemacht

Meine Familie hat unter meiner Abhängigkeit viel seelisches Leid ertragen müssen. Tausende Male musste sie mit ansehen, wie ich betrunken, voll im Medikamenten- oder im Drogenrausch nach Hause kam und mehrmals zusammengebrochen bin. Vor allem meine Mutter hat besonders gelitten, weil sie der Mensch war, mit dem ich am meisten Kontakt hatte. Mein Vater konnte den Schmerz äußerlich nicht so zeigen. Für meine Geschwister hätte ich eigentlich ein gutes Vorbild sein müssen, aber sie erlebten mich meist nur im Rauschzustand. Oft hat es deshalb Streit gegeben, Ohnmacht und Ratlosigkeit herrschten, Tränen flossen, und meine Familie wusste nicht, wie sie mir helfen sollte. Alle haben sich wegen meines Verhaltens geschämt. Sie hatten Schuldgefühle und fragten sich, was sie wohl alles falsch gemacht hätten.

Resignation kam auf, wenn sie nicht mehr weiterwussten. Meine Leute erlebten viele Enttäuschungen. Oft hatten sie Angst und fragten sich: »Wie kommt er heute nach Hause? Kommt es zu Gewalt? Was geschieht als Nächstes? Hat er etwas angestellt? Oder gibt es Probleme mit der Polizei?« Hunderte Male habe ich ihnen versprochen: »Ab morgen ist Schluss, ich werde ein anderer Mensch, ich schwöre es.« Und nie habe ich es gehalten.

Am Anfang war die Enttäuschung der Eltern groß, als sie zuweilen Hoffnung schöpfen konnten, aber dann feststellen mussten, dass ich diese Versprechen nicht gehalten habe; später ließen sie es sein.

An manchen Tagen übte ich eine Schreckensherrschaft über meine Familie aus, wenn ich zornig und brüllend heimkehrte. Ich zerschlug Einrichtungsgegenstände, beschädigte den Gemüsegarten oder spielte mit einem langen Küchenmesser, um ihnen allen Angst einzujagen. Manchmal bedrohte ich meine Familie mit dem Messer und schien zu allem fähig zu sein. Das Messer legte ich in der Nacht unter meinen Kopfpolster. Niemand wagte es, mir die Drogen und Medikamente zu nehmen, die ich in meinem Zimmer in der Schublade schön geordnet aufbewahrt hatte. Außerdem habe ich die Familie bestohlen. In den Rauschzuständen war ich gefährlich und unberechenbar und wusste manchmal nicht, was ich tat. Ich erkannte mich selbst nicht mehr, wenn ich wieder zur Besinnung gekommen war. Im Nachhinein hat es mir immer Leid getan, was ich angestellt habe.

Häufig musste die Polizei um Hilfe gerufen werden. Die Polizeibeamten konnten aber nichts anderes tun, als mich beruhigen. Meine Eltern fragten sie einmal, was in einem solchen Fall zu tun sei und ob man mich nicht verhaften könnte. Die Antwort lautete: »Nicht, solange er sich nicht irgendeines Vergehens schuldig gemacht hat.« Anders gesagt: Wenn ich schließlich eines meiner Familienmitglieder tätlich angegriffen hätte, dann hätte man das Recht gehabt, mich zu verhaften. Mehrere Male hat mich die Polizei zu Hause abgeholt und mich aufs Polizeirevier gebracht. Aber nach einigen Formalitäten ließen sie mich dann wieder gehen.

In jeder Notlage haben mir die Eltern geholfen, und ich habe sie schamlos ausgenutzt. Undankbar war ich und hatte dazu noch die Frechheit zu sagen, dass sie mich nicht hätten in die Welt setzen sollen, wenn sie auf mich nicht schauen können. Die Verkehrsstrafen und alle Gerichtskosten ließ ich immer von meinen Eltern bezahlen. Im

Rauschzustand hatte ich kein Schamgefühl, und mir war alles egal.
Ich lebte zu Hause wie in einem Hotel, ließ mich von oben bis unten bedienen und brauchte dafür kein Geld abzugeben. Wenn ich nach Hause kam, stand immer das Essen bereit, und ich schlang es gierig hinunter und verlangte dazu immer Alkohol. Ohne vorher die Eltern zu fragen, ließ ich öfters Mädchen bei mir übernachten. Oft haben andere Leute gesagt: »Lasst ihn nicht mehr ins Haus oder schmeißt ihn hinaus!« Dies brachten meine Eltern aber nie zustande, weil sie mich dennoch liebten. Mir ist bewusst, wie respektlos und schäbig ich meiner Familie gegenüber war.
Es gab Situationen, in denen meine Eltern nicht mehr in der Lage waren zu hoffen. Aber das Gebet und der Glaube haben sie stark gemacht. Meine Mutter hat mir einmal gesagt, dass sie immer tiefes Vertrauen zum Herrgott und zur Gottesmutter habe und täglich bete. Manchmal war sie der Verzweiflung nahe und hat das Vertrauen zu Gott fast verloren. Aber sie gab trotz allem nie auf, denn sie war überzeugt, dass das Gebet nicht vergeblich sei.
Meine Familie hat mich trotz allem nie fallen gelassen und ist immer hinter mir gestanden.

Ich erlebte manchmal auch schöne Zeiten

In den letzten Jahren schwerster Abhängigkeit habe ich nicht nur Schlimmes erlebt. Es gab zwischendurch auch Zeiten, in denen ich Freude erleben konnte. Diese positiven Phasen waren leider immer nur von kurzer Dauer. Manchmal schaffte ich es, für ein bis drei Tage nüchtern und »clean« zu bleiben, was für mich schon ein Erfolg war.
Solche Erfahrungen machte ich vor allem in der Oster-, Advents- und Weihnachtszeit, bei Bergwanderungen, Waldspaziergängen und beim Pilzesammeln. Auch wenn ich für einige Wochen in die Toskana ans Meer zu meinen beiden

Schwestern fahren durfte, die im Sommer dort gearbeitet haben, erlebte ich schöne Zeiten.
Es gab Momente, in denen ich mir wünschte, immer nüchtern zu sein. Ich wollte leben wie normale Menschen, aber die körperlichen sowie psychischen Entzugserscheinungen ließen es nicht zu.

Der schwere Weg zur Therapie

Vom siebzehnten bis zum siebenundzwanzigsten Lebensjahr führte ich ein selbstzerstörerisches Leben und habe diese zehn Jahre mehr im Rauschzustand verbracht als im nüchternen Zustand. Meine Ängste wurden wie erwähnt immer stärker, als die Tage der Prozessverfahren wegen verschiedener Delikte sich näherten. Meine Eltern hatten sich damals ohne mein Wissen mit Hilfe eines Bekannten an den Verein LA STRADA – DER WEG in Bozen gewandt, um sich beraten zu lassen, wie man mich zu einer Therapie bewegen könnte. Ich selbst hatte natürlich von dieser Vereinigung schon viel gehört.
Dann kam der Tag, an dem ich meine Lebensweise vollkommen umstellte; Menschen, die mich kannten, bezeichneten dieses als Wunder. Es war der 10. März 1984, der Tag, an dem mein Vater seinen 57. Geburtstag hatte. Diesen Tag werde ich mein ganzes Leben lang nicht vergessen, denn da habe ich meinem Vater etwas versprochen, was ich bis heute gehalten habe. Versprochen hatte ich ja immer wieder, dass ich mir helfen lassen wollte, von den Drogen loszukommen, aber diese Versprechungen habe ich nie gehalten, bis zu jenem Tag, an dem sich dann alles veränderte.
Es war am späteren Vormittag. Ich hatte schon sehr früh am Morgen reichlich Alkohol getrunken und musste mich anstrengen, um an Vaters Geburtstag keine dumme Figur zu machen, wenn er zu Mittag nach Hause kommt. Als mein Vater schließlich kam und sich in die Küche begab,

erkannte er sofort, dass ich betrunken war. Ich gratulierte ihm zu seinem Geburtstag und entschuldigte mich, weil ich ihm nichts schenken konnte. »Jetzt oder nie, jetzt musst du es ihm sagen«, dachte ich mir. Mein Herz klopfte rasend schnell, und ich war sehr aufgeregt. Es waren noch meine Mutter und einige Geschwister in der Küche, und sie verstanden nicht, warum ich mich so außergewöhnlich verhielt. Ich habe niemandem in der Familie vorher davon etwas erzählt, was ich meinem Vater sagen wollte, und alle warteten gespannt darauf. Ich fing stotternd und unsicher zu reden an, konnte mich wegen des Rausches nicht richtig auf den Beinen halten und gratulierte ihm ein zweites Mal. Dann endlich kam es spontan aus mir heraus, und ich versprach ihm, ab morgen ein anderer Mensch zu werden. »Ich werde mich bei der Therapiegemeinschaft LA STRADA – DER WEG melden, um einen Termin in den nächsten Tagen zu vereinbaren; und dies ist mein Geschenk, das ich dir zu deinem Geburtstag mache.«

Mein Vater und alle anderen, die in der Küche anwesend waren, schauten sich verdutzt und ungläubig an und brachten kein Wort mehr hervor. Ich muss diese Worte überzeugend gesagt haben, weil sie alle verblüfft dastanden und mich so nicht kannten. Als sie sich von diesen erfreulichen, aber für sie unglaubwürdigen Aussagen erholt hatten, umarmten wir uns, und sie sagten, wenn ich es wirklich so meine, werde die ganze Familie mit mir diesen Weg gehen und mich dabei unterstützen. Die darauf folgenden Freudenszenen kann man mit Worten nicht beschreiben.

Schon gleich am nächsten Tag früh am Morgen telefonierte ich mit dem Therapeuten der Aufnahme des Vereins LA STRADA – DER WEG, um einen Termin für die kommenden Tage zu vereinbaren. Ich erklärte ihm, dass es für mich sehr notwendig und dringend sei. Als er mir mitteilte, dass ich schon am nächsten Tag mit meinen Eltern zu einem

Vorgespräch kommen solle, war meine Freude so überwältigend, dass ich es sofort allen mitteilte. Ich ging in die Stadt und betrank mich ein letztes Mal. Ich kam am späteren Nachmittag mit einem fürchterlichen Rausch nach Hause und musste mich ins Bett legen. Die Mutter und die Geschwister gaben sich nun wenig Hoffnung, dass ich tags

Das alte Aufnahmezentrum für Drogenabhängige in der Italienstraße in Bozen

darauf zum Vorgespräch gehen würde. Als ich nach einigen Stunden Schlaf am Abend erwachte und mich ein wenig vom Rausch erholt hatte, kam die Mutter zu mir ans Bett und sagte vorsichtig, dass sie mich morgen mit meinem Vater zum Vorgespräch nach Bozen begleiten werde. Ich las in ihrem Gesicht, wie sehr sie sich Sorgen um mich machte. Ich beruhigte sie, nahm ihre Hand, legte meinen Arm um ihre Schulter und versprach ihr, dass dies heute endgültig mein letzter Rausch wäre und dass für mich morgen ein

neuer Lebensabschnitt beginnen werde – ohne Alkohol, Medikamente und Drogen.
Am nächsten Tag fuhren wir zum Vorgespräch nach Bozen. Im Haus der Therapiegemeinschaft erwartete uns schon der Aufnahmetherapeut. Ich hatte ein sehr unangenehmes Gefühl in meiner Magengegend, und mein Herzklopfen wurde immer lauter, so dass es die anderen fast hören konnten. Ich wusste nicht, was jetzt auf mich zukommen würde, und musste in einem Kämmerchen auf einem Stuhl Platz nehmen. Ich besprach mit dem Therapeuten meine hoffnungslose Lage, hatte Schuldgefühle und Selbstmitleid und gab den Drogen die Schuld, dass ich so geworden war.
In der Zwischenzeit kam der verantwortliche Leiter der Therapiegemeinschaft hinzu und gab mir zu verstehen, dass nicht die Droge, sondern ich selbst das Problem sei. Heute muss ich nur mehr schmunzeln, wie ich mich damals über die Worte »Du bist das Problem und nicht die Droge« geärgert habe. Es dauerte Wochen, bis ich endlich begriffen hatte, was er mit diesen Worten gemeint hat. Heute verstehe ich, dass man nicht dem Alkohol, den Medikamenten und den Drogen die Schuld geben kann. Aber damals habe ich dies alles noch nicht verstanden und denke oft an diese Worte zurück, bei denen ich am liebsten vom Stuhl aufgestanden und abgehauen wäre.
Weiters wurde mir bei diesem Gespräch das Therapieprogramm »Projekt Mensch«, das in drei Phasen aufgeteilt ist, erläutert. Wenn ich diese Therapie machen wolle, müsse ich mich genau an die Regeln des Programms halten und diese respektieren, und außerdem müsse ich zu Hause die mir aufgetragenen Arbeiten ausführen. Alle diese Regeln hätten ab diesem Gespräch sofort Gültigkeit, und ich müsse mich meinen Eltern unterordnen. Wenn ich die Probezeit durchstehen wolle und wenn ich es schaffe, könne ich in einer Woche wieder kommen. Das wären die Vorausset-

zungen, dass ich überhaupt mit dem Therapieprogramm beginnen könne, und ich müsse ab jetzt selbst hart an mir arbeiten, um ein Leben ohne Drogen führen zu können.
Für mich waren diese Worte und Regeln knallhart, denn vorher konnte ich tun und lassen, was ich wollte. Von jetzt ab wird mein Tagesablauf aber von jemand anderem bestimmt. Mir blieb jedoch keine andere Wahl, als mich für dieses Therapieprogramm zu entscheiden, sonst wäre ich in einigen Monaten ins Gefängnis gekommen.
Meine Eltern warteten inzwischen hoffnungsvoll im Vorraum, bis ich endlich nach etwa einer Stunde herauskam. Sie blickten mich unsicher an; und ich nickte mit dem Kopf und sagte, dass ich sofort mit der Therapie beginnen werde. Niemand kann sich vorstellen, welche Freude meine Eltern hatten. Sie fielen mir um den Hals, Tränen liefen über ihre Wangen herunter, denn für sie begann die Stunde null für ein neues Leben. Anschließend mussten auch sie noch mit dem Therapeuten ein Gespräch führen, und es wurde ihnen bestätigt, dass ich bereit wäre, die Therapie zu machen.
Noch am selben Tag habe ich mir einen Kalender gekauft und habe darin Tagebuch geführt, wie es mir ohne Rauschmittel ergangen ist. Für mich war dieser Kalender ein großes Hilfsmittel, und ich konnte sehen, wie viele Tage ich schon ohne Drogen ausgekommen bin. So eine Bestätigung brauchte ich, und ich war stolz darauf, jedes Wochenende meiner Mutter zeigen zu können, was ich in dieser Zeit geleistet hatte. Ich kam mir dabei wie ein kleines Kind vor, das den Schutz und die Geborgenheit bei der Mutter sucht. Ich konnte täglich beobachten, wie meine Familie sich freute. Durch dieses Verhalten bekam auch ich ungewöhnliche neue Lebenskräfte und Energien, die mir halfen, weiterzumachen.
Diese Woche war für mich natürlich eine sehr harte Zeit, und ich hatte immer wieder psychische sowie physische

Entzugserscheinungen. Ich konnte nicht mehr richtig schlafen, ich begann zu zittern und immer mehr zu schwitzen, ich bekam Angstzustände und war unruhig. Glieder-, Gelenk- und Muskelschmerzen traten auf, die mir richtig zu schaffen machten. Aber am schlimmsten war das Verlangen nach Rauschmitteln; ich hatte manchmal das Gefühl, dass ich dies alles nicht durchstehen würde. Außerdem bekam ich in diesem abstinenten Zustand meinen Eltern und Geschwistern gegenüber starke Schuldgefühle und war traurig. Die körperlichen Entzugserscheinungen, die nach einer Woche nicht mehr so häufig auftraten wie noch Tage zuvor, verschwanden nach und nach von allein, aber an den seelischen litt ich noch monatelang.
Ich blieb hart mit mir, ja sogar sehr hart, ich ließ mich nicht gehen und fing an zu kämpfen; ich wollte wegen meiner schweren Entzugserscheinungen in kein Krankenhaus und auch von keinem Arzt behandelt werden. Ich nahm kein Medikament oder andere Hilfsmittel, um meine Entzugserscheinungen zu lindern, sondern ich stand diesen Leidensweg zielstrebig durch. »Den Weg zur Droge bist du allein gegangen und den Weg zurück wirst du auch ohne chemische Hilfsmittel allein schaffen«, habe ich mir immer wieder eingeredet. Ja, ohne Methadon oder andere Beruhigungsmittel auszukommen, war für mich sehr schwierig. Wenn ich Verlangen nach Drogen hatte, und solche Phasen gab es in den ersten Monaten immer wieder, fing ich an positiv zu denken und trank sehr viel alkoholfreie Getränke. Wegen des vielen Trinkens hatte ich weniger Verlangen nach Alkohol oder sonstigen Rauschmitteln. Immer wieder redete ich mir ein: »Du musst hier durch, mag es kosten, was es wolle, denn es gibt keinen anderen Weg als die Therapie. Wenn du dich jetzt gehen lässt, kannst du die Therapiegemeinschaft vergessen und kommst eines Tages in den Knast.« Diese Denkweise hat mir geholfen. Meiner

Mutter habe ich in dieser Woche vorsichtig mein Herz zu öffnen begonnen. Ich fühlte mich innerlich befreiter, wenn ich mit jemandem über meine Schwierigkeiten sprechen konnte.
Als ich dann am 19. März 1984 bei LA STRADA – DER WEG mit dem Therapieprogramm begann, war das für meinen Vater wirklich zum schönsten Geburtstagsgeschenk seines Lebens geworden. Es war aber für mich ein langer und schwerer Weg.

Die Therapie

Das Therapieprogramm »Projekt Mensch« beim Verein LA STRADA – DER WEG in Bozen war für mich die einzige Rettung, nicht ins Gefängnis zu müssen. Im Mittelpunkt der Behandlung stand ich als Mensch mit meinen Ängsten, Unsicherheiten und Schwierigkeiten. Durch die Gruppen- und Gesprächstherapien und das Gemeinschaftsleben mit anderen Jugendlichen versuchte ich der Wirklichkeit nicht mehr zu entfliehen, sondern ich musste lernen, meine Probleme zu bekennen, offen über sie zu sprechen und sie anzugehen, anstatt durch Drogen in eine Scheinwelt zu flüchten. Ich musste lernen, Verantwortung zu übernehmen, verlässlich und ehrlich zu sein und die anderen zu respektieren. Während der fast drei Jahre dauernden Therapie musste ich drei Phasen durchmachen.
Auch meine Eltern und Geschwister wurden in das Therapieprogramm mit einbezogen, wobei sie mich besonders in der ersten Phase stark unterstützten. Meine Eltern fuhren fast drei Jahre lang jeden Donnerstagabend mit dem Zug zu Gruppengesprächen nach Bozen, wo sie sich ihr Leid und ihren Kummer von der Seele reden konnten. In dieser Elterngruppe waren betroffene Eltern und Geschwister von Drogenabhängigen; sie konnten Hoffnung schöpfen, bekamen neue Kraft, und sie sahen, dass sie mit diesem Problem

nicht allein waren. Sie halfen und unterstützten sich gegenseitig und verheimlichten oder versteckten nicht mehr die Abhängigkeit des eigenen Kindes, sondern bekannten sich dazu. Meine Eltern mussten daraufhin an sich selbst arbeiten, ihre eheliche Partnerschaft und Familiensituation prüfen, und sie versuchten in dieser Zeit, ihre Vergangenheit aufzuarbeiten, um das Verhalten mir gegenüber zu festigen. Es ging darum, ein neues, offenes, vertrauliches und freundschaftliches Verhältnis zwischen uns aufzubauen. Für meine Eltern waren diese drei Jahre keine verlorene Zeit, denn sie bekamen mehr zurück, als sie zu hoffen wagten. Sie haben mich zuvor jahrelang fast täglich nur in berauschtem Zustand erlebt, mussten bittere Erfahrungen machen, und jetzt erlebten sie diese Wende, die ihnen fast unglaubwürdig erschien. Deshalb fuhren sie gern nach Bozen, wenn es ihnen manchmal auch zeitlich schwer fiel; sie sahen, dass ich mich immer mehr veränderte und mich zum Positiven entwickelte.

Die Aufnahmephase

Die Therapie begann ich am 19. März 1984 im alten Aufnahmezentrum von Bozen, das damals noch in einem kleinen Haus in der Italienstraße war. Ich musste zweimal wöchentlich für einige Stunden am Vormittag zu Gruppengesprächen kommen, zu welchen mich in den ersten Monaten ein Eltern- oder Geschwisterteil hin- und zurückbegleiten musste. Später, als ich das Vertrauen der Therapeuten erlangt hatte, durfte ich allein kommen, weil sie sahen, dass ich alle Regeln befolgte und es mit dem Therapieprogramm ernst meinte. In speziellen Einzelgesprächen wurde mir anfangs klar und deutlich mitgeteilt, dass die Heilung nur von meiner Motivation und Bereitschaft abhinge und niemand anderer mir helfen könne, wenn ich nicht selbst den Willen dazu habe. Ich müsse bereit sein, meinen Lebensstil zu ändern, an mir selbst zu arbeiten und die Forderungen des Programms zu befolgen. Nach diesen Gesprächen wurde ich bald in eine kleine Gruppe von abhängigen Jugendlichen eingegliedert, und es wurden uns die Schwerpunkte und Ziele für diese therapeutische Arbeit erklärt, die wir gemeinsam bei Gruppengesprächen in Angriff nehmen mussten. Ohne Ausflüchte und Entschuldigungen sollten wir dann über unsere Probleme aus der Vergangenheit sprechen. Während dieser Gruppengespräche, die sehr anstrengend waren, leitete und koordinierte ein dafür eigens ausgebildeter Therapeut die Diskussion und forderte uns Jugendliche durch gezielte Fragen enorm heraus. Außerdem hatten wir die Möglichkeit, unter der Anleitung eines Zivildieners die Freizeit, die uns während dieser Zeit noch geblieben war, sinnvoll durch andere Aktivitäten zu gestalten.

Ich tat mich anfangs unheimlich schwer, über meine Probleme zu sprechen, und hatte außerdem Angst, was wohl die anderen von mir denken würden. Wenn ich an der Reihe war zu reden, wurde ich rot im Gesicht, bekam Hitzewallungen und hatte rasendes Herzklopfen. Ich war so unsicher und verschlossen, dass es auch die anderen merkten. In solchen Situationen kam ich mir wie eine Null vor, ich schämte mich und hatte dabei so starke Minderwertigkeitsgefühle, dass ich am liebsten aufstehen und zur Tür hinausgehen wollte. Dass es nie so weit kam und ich doch in der Gruppe blieb, ist dem Therapeuten zu verdanken, weil es ihm in mühevoller Kleinarbeit gelungen ist, mir durch gezielte Gespräche meine Angst zu nehmen. Nach einigen Wochen ging es mir bedeutend besser, ich hatte zur Gruppe mehr Vertrauen bekommen und konnte offener über meine Probleme sprechen.

In der übrigen Zeit, in der ich nicht in Bozen bei den Gruppengesprächen war, musste ich zu Hause bleiben und die

Das Haus der Therapiegemeinschaft Josefsberg

Regeln und Forderungen des Programms genau einhalten und befolgen. Denn lügen wäre sinnlos gewesen, weil meine Eltern und ich bei den Gruppenbegegnungen immer darüber befragt wurden. Es durften kein Alkohol, keine Medikamente oder Drogen konsumiert werden, und ich durfte nur in Begleitung eines Eltern- oder Geschwisterteiles für eine Stunde zu einem Spaziergang die Wohnung verlassen. Im Haushalt habe ich mithelfen müssen, musste mein Schlafzimmer selbst sauber machen und durfte kein Geld bei mir haben. Das Fernsehen wurde eingeschränkt und das Sexualleben unterbrochen. Auch Telefonieren war nicht erlaubt. Ich hatte am Anfang große Schwierigkeiten, alle diese Regeln zu befolgen, aber die Angst vor einem Gefängnisaufenthalt hat mich davor bewahrt, sie zu brechen. Außerdem war diese Arbeit für mich von sehr großem Nutzen, damit ich nicht durch irgendeine andere Sache abgelenkt würde und mich voll auf das Therapieprogramm konzentrieren konnte. Durch die intensive Unterstützung meiner Familie habe ich es geschafft, dieses Programm durchzuhalten und langsam zu mir selbst zu finden.

Während dieser Monate war das Verlangen nach Drogen oft noch sehr groß, und ich musste meine ganze Kraft aufbringen, um nicht rückfällig zu werden. Besonders schlimm waren die psychischen Entzugserscheinungen, denn in meinem Hinterkopf geisterten immer noch die Gedanken herum, dass ich nach dem Therapieprogramm wieder zu Drogen greifen werde. Wochenlang haben mich diese Gedanken belastet; ich hatte große Sorge, rückfällig zu werden. Aber Gott sei Dank ist dieser Fall nie wirklich eingetreten, weil sich nach und nach meine Denkweise durch die Selbsthilfegruppen geändert hat und ich ein neues Bild vom Leben ohne Drogen bekommen habe.
Im Herbst 1984 hätte ich eigentlich in die zweite Therapiephase (Therapiegemeinschaft) nach Josefsberg bei Algund kommen sollen, und ich freute mich schon Wochen vorher, dieses Ziel erreicht zu haben. Aber daraus wurde nichts, weil sich in der Zwischenzeit der Zustand meiner Beine zusehends verschlechtert hatte und die Schmerzen immer unerträglicher wurden. Es kam so weit, dass ich mich ohne Hilfe nicht mehr fortbewegen konnte und täglich die Krücken benützen musste. Ich wurde daraufhin im Krankenhaus Brixen von Fachärzten in der Abteilung Orthopädie untersucht. Sie schickten mich in die Universitätsklinik nach Innsbruck, wo ich im Herbst 1984 an beiden Hüften operiert wurde. Wegen meines angeschlagenen gesundheitlichen Zustands und der Operation wurde für mich die zweite Phase um einige Monate verschoben, so dass ich nicht nur ein halbes Jahr, sondern vierzehn Monate in der Aufnahmephase verbringen musste.

Die Therapiegemeinschaft

Als ich mich nach der Operation einigermaßen erholt hatte und genügend motiviert und vorbereitet war, konnte ich am 10. Mai 1985 mit der zweiten Phase des Therapieprogramms in Josefsberg beginnen. Kein Mensch kann sich vorstellen, welche Freude ich damals hatte. Ich konnte mir selbst beweisen, was ich in dieser Zeit geschafft hatte, obwohl ich täglich Schmerzen in den Beinen hatte. Ich war richtig stolz auf mich und auf das, was aus mir geworden war, denn niemand hatte es für möglich gehalten, dass ich dieses Programm durchhalten werde.

Meine Eltern und meine jüngere Schwester begleiteten mich nach Josefsberg. Ich war sehr aufgeregt und hatte Freude, aber auch zugleich Angst, und fragte mich, was mich da wohl erwarten werde. Als wir ankamen, war ich überrascht von der wunderbaren Gegend, in der das Therapiezentrum liegt. Es ist umgeben von mächtigen wilden Kastanienbäumen und Wald, es gibt keinen Lärm, nur gute Luft und den herrlichen Gesang der Vögel. Man kann es ein Naturparadies nennen; ich habe mich von Anfang an schon wegen dieser Landschaft wohl gefühlt.

Wir wurden von einem Therapeuten und einem Jugendlichen der Gemeinschaft herzlich empfangen, und ich musste mich sofort in einen Raum begeben, in dem ein längeres Aufnahmegespräch zwischen mir und zwei Therapeuten stattfand. Dieses Gespräch musste geführt werden, um sicher zu sein, ob ich wohl genug motiviert sei, um endgültig in die Therapiegemeinschaft aufgenommen zu werden. Während des Gesprächs mit dem Therapeuten durfte meine Familie das Haus der Therapiegemeinschaft besichtigen, wobei sie ein ehemaliger Abhängiger führte. So konnten sich meine Eltern und meine Schwester ein Bild davon machen, wie und wo ich in den nächsten Monaten lebe, und sie konnten beruhigt sein, dass ich gut aufgehoben war. Nach dem Gespräch konnte ich noch einige Minuten mit meiner Familie reden. Der Abschied war sehr schmerzlich, und auf beiden Seiten flossen Tränen. Ich brauchte ungeheure Kraft, dies alles zu überstehen. Ich

Dies war für viele Monate mein Arbeitsplatz in der Küche.

wusste, dass der Kontakt für viele Monate vollständig abgebrochen würde und dass ich ihn erst wieder auf einer reiferen Basis aufbauen konnte. Diese lange Trennung war deshalb so wichtig, damit jeder an sich selbst arbeiten und Abstand gewinnen konnte. Meine Eltern fuhren weiterhin jeden Donnerstagabend zu den Elterngruppen nach Bozen. Nach fast acht Monaten Trennung durften wir uns dann das erste Mal schreiben, und nach mehreren Briefkontakten, auch mit meinen Geschwistern, besuchten mich meine Eltern im Therapiezentrum, um mit mir unsere Familiensituation und die Probleme aus der Vergangenheit zu besprechen. Auf dieses Treffen wurden meine Eltern und ich schon Wochen vorher speziell vorbereitet; es wurde von zwei Therapeuten koordiniert und geleitet. Dieses Gespräch mit meinen Eltern war für mich eines der wichtigsten während des ganzen Therapieprogramms, weil ich über meine Schuldgefühle, die ich meiner Familie, hauptsächlich aber meinen Eltern gegenüber hatte, sprechen konnte. Hier der erste Brief (siehe folgende Seiten), den meine Eltern mir geschrieben haben.

10. 1. 1986.

Lieber Konrad.

Dein unerwarteter Brief hat uns eine große Freude bereitet.
Wir sehen aus Deinem Schreiben, daß Du Dich sehr zu Deinem Vorteil verändert hast. Nun beantworte ich, Deine Mutti auf Deine Anschuldigungen. Ich bin sehr froh, daß Du schon so viele Monate in Josefsberg bist und ich glaube Dir gerne, daß es für Dich sehrschwierig sein muß. Jeden Tag denke ich an Dich und schließe Dich und die ganze Familie in mein Gebet ein.
Ich bete damit mein lieber Sohn Konrad wieder so wird wie er es vor vielen Jahren war, und ich glaube daran, daß Du es schaffen wirst.
Es stimmt, daß Du uns gegenüber,

vor allem mir, sehr unehrlich
gewesen bist. Ich habe Dir immer
alles gegeben, ich war manchmal
zu gut mit Dir. Wir haben Dich
nie hinausgeworfen, und da sieht
man was Mutterliebe ist. Wären
wir nicht gewesen, da wüßte ich
nicht wo Du jetzt wärst.
Habe ich Dir kein Geld oder sonst
etwas nicht gegeben, dann wurdest Du
zornig, schriest uns oder mich an,
benanntest mich mit absurden Schimpf=
wörter u.s.w. Und trotzdem habe ich
es nur gut mit Dir gemeint, da ich
wüßte was Du mit dem Geld
anfangen würdest. Ich habe zu dieser
Zeit kein Vertrauen mehr zu Dir
gehabt. Du hast uns ausgenützt, keine
Rücksicht auf die anderen genommen
wann sie schliefen, jedoch hast Du jetzt
Deine Fehler und negativen Seiten
eingesehen, was gut für Dich ist.

Ja Dein größter Problem ist Deine Selbstbeherrschung und vor allem Dein Haarwuchs. Hast Du einmal die Beherrschung über Dich verloren, dann hat man Dich nicht mehr wiedererkannt! Du warst ganz außer Dich, jedoch hast Du Dich dann entschuldigt für Dein Benehmen. Konrad wegen Deinen Haar=wuchs, daß habe ich Dir schon immer gesagt, mach Dir kein so großes Problem daraus. Mann muß der Zeit Zeit lassen. Es geht nicht immer alles so wie man es wünscht, das Leben ist mal so. Oft geht es gut, oft schlecht. Man muß halt das beste draus machen. Warst Du in der Zeit wo Du ganz von Boden weg warst, habe ich vor Dir Angst gehabt. Ich habe manchmal gezittert, wenn Du von der Stadt gekommen bist, da ich mich fragte was heute wieder passieren würde. Die Scheiben kaputt oder Wir. Die Nacht habe ich oft nicht

schlafen können, habe geweint vor Sorge und Unglück. Du weißt nicht wie ich für Ängste aushalten mußte.
Manchmal hast Du gesagt Du würdest uns alle umbringen und das Haus verbrennen, wenn wir nicht tölen wie Du wolltest. In solchen Momenten habe ich wirklich große Angst gehabt.
Ich bin nun wirklich froh, das diese Zeit vorüber ist, und würde mir so etwas noch einmal passieren, wüßte ich nicht ob ich es überleben würde.
Ich schenke Dir mein volles Vertrauen und weiß, daß Du es schaffen wirst.
Fahren wir, Vati und ich nach Bozen, fragen Deine Geschwister immer nach Dir, wie es Dir geht und kommen Grüße, dann freuen sie sich sehr. Siehst Du die ganze Familie kümmert sich um Dich da wir Dich alle sehr lieb haben.
Wir denken oft an Dich, an manchen Abend, wenn wir alle zu Hause in

der Küche sitzten, fangen wir an über die alten Zeiten zu diskutieren. Denken nach wie es oft war, und sind soh froh, daß wir wieder glücklich geworden sind.
Du kannst sicher sein, daß wir Dich sehr sehr liebe haben, trotz allem was passiert ist. Lieber Konrad als wir Deinen Brief gelesen haben, habe ich Doch einwenig geweint Tränen der Freude, das ich (wir) doch wieder einen braven Konrad bekommen. Ich kann nicht mit Wörter des Gefühl meiner Freude schreiben. Wir sagen einfach wir sind überglücklich, wenn Du wieder brav wirst. Wir nehmen Deine Entschuschuldigungen an, und wir verzeihen Dir alles was Du uns angetan hast. Lieber Konrad sei stark, zeig Deinen Mut der in Dir steckt, denn ich weiß Du hast den

Willen bis zum letzten Tag, und
das ist ja das schönste für Dich
und uns. Mal wenn es Dir schlecht
geht bete an Gott u. denke fest an Ihn
Gott hilft weiter. Und vergiß die
Himmelmutter nicht, die beschützt uns.
Ja lieber Konrad wie geht es mit
Deinen Füßen, hoffe doch besser.
Uns zu Hause geht es allen ganz gut
sind alle Gesund. Der Oma geht
es immer so gleich, statt besser immer
schlechter. Martin hat auch einen Gibs
gehabt. 2 Monate lang, hat auch er mit 2
Krücken müßen gehen. Dopellten
Unterschenkelbruch, passiert ist es mit
den Motorrad, aber er saß nur hinten
drauf. Aber jetzt geht es schon wieder.
4 Monate hat Martin nicht
können arbeiten.

Lieber Konrad nun schließe ich
mein Schreiben u. wir lb. Dich
auch von Herzen, mit recht herzlichen
Grüßen Deine Eltern u. Geschwister.
Sei tapfer Konrad
in Liebe Deine Mutti

Wir haben deinen Brief mit
Sommer aufgesetzt.
Bleib tapfer u. hoffnungsvoll
Vertrauen von oben — Vati.
es [illegible]
Deine Grüße werden ganz herzlich
erwiedert von Oma, Tante Ida, Gotl Emma,
Gotl Marie

bes. lb. Grüße von Hedwig mit die Buben und Valentin

Abdruck des Originalbriefes mit unwesentlichen Änderungen

Brixen, 10. Jänner 1986

Lieber Konrad!

Dein unerwarteter Brief hat uns große Freude bereitet. Wir sehen aus deinem Schreiben, daß Du Dich sehr zu Deinem Vorteil verändert hast. Ich bin sehr froh, daß du schon so viele Monate in Josefsberg bist, und ich glaube dir gerne, daß es für dich sehr schwierig sein muß. Jeden Tag denke ich an dich und schließe dich und die ganze Familie in mein Gebet ein. Ich bete, damit mein lieber Sohn Konrad wieder so wird, wie er es vor vielen Jahren war, und ich glaube daran, daß du es schaffen wirst.

Es stimmt, daß du uns gegenüber, vor allem mir, sehr unehrlich gewesen bist. Ich habe dir immer alles gegeben, ich war manchmal zu gut zu dir. Wir haben dich nie hinausgeworfen, und da sieht man, was Mutterliebe ist. Wären wir nicht gewesen, da wüßte ich nicht, wo du jetzt wärst. Habe ich dir kein Geld oder sonst etwas nicht gegeben, dann wurdest du zornig, schriest uns oder mich an, benanntest mich mit schlimmen Schimpfwörtern usw. Und trotzdem habe ich es nur gut mit dir gemeint, da ich wußte, was du mit dem Geld anfangen würdest. Ich habe in dieser Zeit kein Vertrauen mehr zu dir gehabt. Du hast uns ausgenützt, keine Rücksicht auf die anderen genommen, als sie schliefen, jedoch hast du jetzt deine Fehler und negativen Seiten eingesehen, was gut für dich ist. Ja, dein größtes Problem ist deine Selbstbeherrschung. Hattest du einmal die Beherrschung über dich verloren, dann hat man dich nicht wiedererkannt. Du warst ganz außer dir, jedoch hast du dich dann entschuldigt für dein Benehmen. Konrad, wegen Deines Haarwuchses, das habe ich dir schon immer gesagt, mach Dir kein so großes Problem daraus. Man muß der Zeit Zeit lassen. Es geht nicht immer alles so, wie man es wünscht, das Leben ist einmal so. Oft geht es gut, oft schlecht. Man muß halt das Beste daraus machen. In der Zeit, wo du ganz vom Boden weg warst, habe ich von dir Angst gehabt. Ich habe manchmal gezittert, als du von der Stadt gekommen bist, da ich mich fragte, was heute wieder passieren würde. Die Scheiben kaputt oder wir. Die Nacht habe ich oft nicht schlafen können, habe geweint vor Sorgen und Unglück. Du weißt nicht, was ich für Ängste aushalten mußte. Manchmal hast du gesagt, du würdest uns alle umbringen und das Haus verbrennen, wenn wir nicht täten, wie du wolltest. In solchen Momenten habe ich wirklich große Angst gehabt.

Ich bin nun wirklich froh, daß diese Zeit vorüber ist, und würde mir noch einmal so etwas passieren, wüßte ich nicht, ob ich es überleben würde. Ich schenke dir mein volles Vertrauen und weiß, daß du es schaffen wirst. Fahren wir, Vati und ich, nach Bozen, fragen deine Geschwister immer nach dir, wie es dir geht, und kommen Grüße, dann freuen sie sich sehr. Siehst du, die ganze Familie kümmert sich um dich, da wir dich alle sehr lieb haben. Wir denken oft an dich. An manchen Abenden, wenn wir alle zu Hause in der Küche sitzen, fangen wir an über die alten Zeiten zu diskutieren. Denken nach, wie es oft war, und sind sehr froh, daß wir wieder glücklich geworden sind.

Du kannst sicher sein, daß wir dich sehr, sehr lieb haben, trotz allem, was passiert ist. Lieber Konrad, als wir deinen Brief gelesen haben, habe ich doch ein wenig geweint, Tränen der Freude, daß ich (wir) doch wieder einen braven Konrad bekommen. Ich kann nicht mit Worten das Gefühl meiner Freude beschreiben. Wir sagen einfach, wir sind überglücklich, wenn du wieder brav wirst. Wir nehmen deine Entschuldigungen an, und wir verzeihen dir alles, was du uns angetan hast. Lieber Konrad, sei stark, zeig deinen Mut, der in dir steckt, denn ich weiß, du hast den Willen bis zum letzten Tag, und das ist ja das Schönste für dich und uns. Wenn es dir schlecht geht, bete zu Gott und denke fest an ihn, Gott hilft weiter. Und vergiß die Himmelmutter nicht, die beschützt uns. Ja, lieber Konrad, wie geht es mit deinen Füßen, hoffe doch besser. Uns zu Hause geht es allen ganz

gut, sind alle gesund. Der Oma geht es immer so gleich, statt besser immer schlechter. Martin hat auch einen Gips gehabt. Zwei Monate lang hat auch er mit zwei Krücken müssen gehen. Doppelten Unterschenkelbruch, passiert ist es mit dem Motorrad, aber er saß nur hinten drauf. Vier Monate hat Martin nicht können arbeiten.
Lieber Konrad, nun schließe ich mein Schreiben, und wir lieben dich auch von Herzen, mit recht herzlichen Grüßen deine Eltern und Geschwister. Sei tapfer Konrad, in Liebe deine Mutti.

Wir haben den Brief zusammen aufgesetzt. Bleib tapfer und hoffnungsvoll, vertraue von oben, es grüßt von Herzen Vati.

Deine Grüße werden ganz herzlich erwidert von Oma, Tante Ida, Gotl Emma, Gotl Marie und der ganzen Nachbarschaft. Besonders liebe Grüße von Hedwig mit Buben und Valentin.

Einige Wochen nach dieser Begegnung und Wiedergutmachung durfte ich nach über einem Jahr Therapiegemeinschaft in Begleitung eines Jugendlichen aus der Gemeinschaft über das Wochenende das erste Mal meine Familie zu Hause besuchen. Es ist schwer zu beschreiben, was ich empfunden habe, als ich vor meinen Eltern und Geschwistern stand, sie umarmen konnte und wieder zu Hause sein durfte. Ich kann nur sagen, ich war in diesem Moment der glücklichste Mensch auf der Welt.
Die sechzehn Monate, die ich in der Therapiegemeinschaft verbrachte, waren für mich ein schwieriger Abschnitt. In der geschlossenen Wohngemeinschaft lebte ich mit fünfundzwanzig bis dreißig Jugendlichen beiderlei Geschlechts friedlich zusammen, und die Grundregeln des Programmes waren sehr streng. Ich musste den Lebensrhythmus umstellen und mich dem Therapieprogramm anpassen. Es durften natürlich keine Drogen genommen und keine Gewalt angewendet werden, auch der Geschlechtsverkehr mit anderen

Jugendlichen war verboten. Eine Packung Zigaretten pro Tag war allerdings erlaubt; ich selbst beschränkte mich auf zehn Zigaretten. Ich musste lernen, mich in eine geordnete Gemeinschaft einzufügen, und musste die mir zugeteilten Arbeiten genauestens durchführen. Ich musste Rücksicht auf die anderen nehmen, Toleranz üben und vor allem musste ich meine Gefühle ihnen gegenüber offen und ehrlich zeigen. Die Gemeinschaft hat mir die Gelegenheit gegeben, mich selbst zu bestätigen, indem ich immer mehr Verantwortung übernehmen musste. Sie zeigte mir auch, dass es Menschen gab, die mich und meine Probleme ernst genommen haben, mich respektierten und mir vertrauten, mich annahmen wie ich bin und mich einfach gern mochten. Ich brauchte keine Angst zu haben, dass ich in den Gruppen- und Gesprächstherapien oder bei der Arbeit ausgelacht, beschimpft oder verurteilt würde. Alle Arbeiten, wie Putzen, Kochen, Waschen, Bügeln, Flicken, Garten-, Büro- und einfache Instandhaltungsarbeiten mussten wir Jugendliche allein durchführen. Keine Putzfirma oder Putzfrau, kein Koch, keine Köchin haben uns bei dieser Arbeit geholfen. Wir mussten diese Arbeiten selber gewissenhaft ausführen, um praktische Fähigkeiten zu entwickeln, die unsere Selbständigkeit fördern. In der Wohngemeinschaft hat jeder jedem geholfen, wo er nur helfen konnte; niemandem wurde etwas geschenkt, alles musste man sich erarbeiten. Wir haben uns gegenseitig durch das Gespräch unterstützt, um unsere Probleme lösen zu können, und haben bewusst um Hilfe gefragt. Wir haben geweint, uns gegenseitig getröstet und umarmt. Es gab keine Vorurteile, und niemand wurde allein gelassen, sei es bei der Arbeit, in der Gruppentherapie oder in der Freizeit. Jeder war auf die Hilfe der anderen angewiesen. Ich habe diese Unterstützung bitter nötig gehabt und danke Gott dafür, dass ich solche Menschen in dieser Gemeinschaft gefunden habe, mit denen ich so offen über meine

Schwierigkeiten sprechen konnte. Denn ohne ihre Unterstützung hätte ich diesen Weg nicht geschafft. Wir haben uns durch diese ehrliche Lebensweise, durch gegenseitiges Vertrauen und Respektieren kennen gelernt und sind so zu einer Familie zusammengewachsen. Ich habe hier ein zweites Zuhause gefunden, wo ich mich angenommen und verstanden gefühlt habe.

Ein Teil der Therapie vollzog sich im Wasch- und Bügelraum.

Die wichtigsten Abschnitte in der Therapiegemeinschaft waren eindeutig die Gruppen- und Gesprächstherapien, die jede Woche öfters stattgefunden haben. In diesen speziellen Gruppen konnten wir lernen, wie wir Probleme und Ängste verarbeiten und wie wir mit Gefühlen umgehen können. Außerdem mussten wir uns mit der eigenen Lebensgeschichte bis zurück in die Kindheit und Jugend, mit dem Sexualleben, mit dem sexuellen Missbrauch sowie mit der eigenen Familiensituation und Abhängigkeit auseinander setzen. Es wurde in diesen Gruppentherapien, in denen nichts verheimlicht wurde, einfach über alles offen und ehrlich gesprochen. Für mich waren diese Gruppen manchmal wie ein Horror, weil sie die ganze Wirklichkeit und Wahrheit aus meiner Vergangenheit ans Tageslicht brachten und ich mich dabei fürchterlich geschämt habe. Außerdem gab es jeden Tag nach dem Frühstück, außer an Sonn- und Feiertagen, eine einstündige Morgenbegegnung, wo wir alle im Gemeinschaftsraum zusammenkamen. Jeder konnte hier seine Probleme vorbringen, und wir versuchten uns gegenseitig zu unterstützen. Am Schluss wurden immer Lieder gesungen, die von Gitarreklängen oder anderen Instrumenten begleitet wurden.

Der Text zur Philosophie »Projekt Mensch«, den wir bei jeder dieser Morgenbegegnungen gemeinsam gesprochen haben, lautet:

Ich bin hier,
weil es letztlich kein Entkommen
vor mir selbst gibt.
Ich bleibe so lange auf der Flucht,
bis ich mich euren Augen und Herzen
zu stellen wage.
Ehe ich es nicht ertrage,
mein innerstes Geheimnis
mit euch zu teilen,
kann ich nicht davon befreit werden.
Ich werde einsam bleiben.

Hier in der Gemeinschaft
kann ich mir selbst begegnen,
nicht als der Riese meiner Träume
und auch nicht
als der Zwerg meiner Ängste,

sondern als Mensch,
der als Teil des Ganzen mitarbeitet.
Auf diesem gemeinsamen Grund
kann ich Wurzeln schlagen und wachsen,
nicht mehr allein wie im Tod,
sondern lebendig
als Mensch unter Menschen.

Die Freizeit, die uns zur Verfügung stand, haben wir sinnvoll gestaltet, indem wir viel gesungen, gespielt und uns unterhalten haben. An jedem Wochenende, wenn es die Witterung zugelassen hat, haben wir Ausflüge unternommen und hatten im Januar 1986 sogar eine Kulturwoche. Diese Woche war sehr abwechslungsreich, und wir haben jeden Tag etwas unternommen. Wir sind zum Schwimmen, Ski- und Eislaufen gegangen und durften einmal in Begleitung des Vizebürgermeisters von Meran die Thermalbäder der Stadt besichtigen. Er nahm sich auch Zeit, ist ins Therapiezentrum gekommen und hat mit uns über die Stadt Meran gesprochen. Jeden Abend hatten wir irgendjemanden zu Gast. Einmal war es der Plose-Chor aus Brixen, der Bergsteigerlieder gesungen hat. Ein anderes Mal kamen Bergführer, die einen Lichtbildervortrag über das Bergsteigen und Klettern gezeigt haben. Außerdem bekamen wir von einer Theatergruppe aus Meran ein lustiges Stück zu sehen, und zwei Therapeuten von LA STRADA – DER WEG haben für uns einen Lichtbildervortrag über Afrika gehalten. Diese Woche hat uns allen gut getan; wir brauchten einmal im Jahr eine solche Abwechslung, damit wir von unseren Problemen loskamen. Dank dieser Sportaktivitäten, Vorträge und Unterhaltungen konnten wir uns von den großen Anstrengungen und Belastungen, denen wir ausgesetzt waren, einigermaßen erholen. In dieser Woche haben wir uns noch besser kennen gelernt. Leider konnte ich am Ski- und

Eislauf wegen der Krankheit meiner Beine nicht teilnehmen, hatte aber als Zuschauer dennoch sehr viel Spaß. In dieser Kulturwoche habe ich schöne und unvergessliche Tage mit den anderen erlebt.
Meine tägliche Arbeit hat sich in den ersten acht Monaten in der Küche abgespielt, wo ich mit anderen Jugendlichen immer die Mahlzeiten vorbereitet habe. In den übrigen acht Monaten wurde ich dann der Wäscherei zugeteilt, wo ich waschen, bügeln, flicken und nähen musste. Heute bin ich froh, dass ich dies alles erlernen durfte, weil ich dadurch ein selbständiger Mensch für den eigenen Haushalt geworden bin. Alle diese zugeteilten Arbeiten musste ich gewissenhaft durchführen und später in meiner Gruppe die Verantwortung für die Arbeit und die Personen übernehmen. Dadurch bekam ich mehr Selbstvertrauen und Selbstsicherheit und konnte somit langsam mein Verantwortungsbewusstsein aufbauen, das mir immer gefehlt hatte. Alle meine Arbeiten musste ich im Sitzen durchführen und konnte nur mit Krücken gehen. Obwohl ich an den Hüften operiert worden war, hatte ich manchmal so wahnsinnige Schmerzen, dass ich öfters zusammengebrochen bin und geschrien habe. Ich bin in dieser Zeit so hart mit mir gewesen, weil ich Angst hatte, rückfällig zu werden, wenn ich Schmerzmittel genommen hätte. Ich wollte keine Medikamente nehmen, obwohl es mir die Ärzte geraten haben. Am Anfang habe ich die Beinschmerzen noch über mich ergehen lassen. Aber als sie immer schlimmer wurden und sie nicht mehr auszuhalten waren, ließen es die Verantwortlichen der Therapiegemeinschaft nicht mehr weiter zu, dass ich mich so quälte. Durch ein ausführliches Gespräch mit einem Therapeuten wegen meiner Angst vor einem Rückfall sah ich das schmerzstillende Medikament nicht mehr als ein für mich gefährliches Mittel an, sondern als Hilfe. Von diesem Zeitpunkt an

nahm ich dann diese Schmerzmittel während der ganzen Therapiezeit. Sie erleichterten mir das Leben, und es ging mir bedeutend besser.
Viele Monate lang hart arbeiten musste ich an meiner Unbeherrschtheit, und genau hier tat ich mich besonders schwer, weil ich schon als Abhängiger immer sehr aggressiv gewesen war. Ich wurde im Oktober und im Dezember 1985 zweimal, für jeweils fünfzehn Tage »deklassiert«, weil ich mich bei Meinungsverschiedenheiten gegenüber anderen Personen nicht beherrscht, sie angeschrien und bedroht habe. Durch diese Vorgangsweise habe ich mich respekt- und verantwortungslos verhalten. Ich habe die gleichen Verhaltensmuster an den Tag gelegt, wie ich sie als Abhängiger hatte. Ein solches Verhalten konnte in der Therapiegemeinschaft nicht geduldet werden. Ich wurde von der Gemeinschaft ausgeschlossen, musste um alles fragen und bitten und konnte nur mit jemandem sprechen, wenn es mir der Verantwortliche, dem ich untergeordnet war, erlaubte. Für mich waren diese dreißig Tage des Ausgeschlossenseins eine Demütigung und Erniedrigung, es war eine fürchterliche Zeit. Um alles musste ich fragen, ob ich trinken, essen, eine Zigarette rauchen, auf das Klo oder am Abend zu Bett gehen dürfe. Bei der Arbeit war ich allein, und keiner hat sich mehr um mich gekümmert. Niemand hat mich mehr ernst genommen, und ich war sozusagen ganz allein auf mich gestellt. Ich fühlte mich einsam und verlassen, und das Verhalten der anderen mir gegenüber brachte mich zum Verzweifeln. Mir wurde erst in diesen vier Wochen bewusst, was ich wieder einmal angestellt hatte, und ich kam zur Einsicht, dass ich mir ein solches Verhalten nicht mehr leisten dürfe. Dieses Ausschließen aus der Gemeinschaft hat es bei mir gebraucht, um mich zum Nachdenken zu bringen, dass ich ruhiger werde und lerne, mit meinen Gefühlen richtig umzugehen. Außerdem lernte

ich in dieser Zeit, was fragen und bitten bedeutet. Nur durch aufwendige Gesprächstherapien und mit Hilfe der anderen ist es mir dann gelungen, nicht mehr so aggressiv zu sein. Die Therapeuten hielten diese große Strenge damals für die beste Möglichkeit, den Durchhaltewillen mancher Suchtkranker zu stärken.

Es gab Phasen, in welchen ich am liebsten alles hingeworfen hätte und abgehauen wäre, weil mir diese Therapie einfach zu schwierig vorkam. In solchen Grenzsituationen kamen mir Zweifel, ob es wohl einen Sinn habe, dieses Therapieprogramm weiterzumachen. Ich kämpfte, raffte mich auf und habe immer wieder das Gespräch mit den anderen gesucht.

Es war alles schwieriger, als ich es mir vorgestellt hatte, und es kamen dann Zeiten, in denen ich fast keine Kraft mehr aufbrachte weiterzumachen, und ich begann deshalb im Stillen immer öfters Gott um Hilfe zu bitten. Ich verstand damals zwar nicht, in welchen Formen ich beten sollte, um von ihm Hilfe zu bekommen. Ich hatte andererseits große Angst, alles zu verlieren, was ich mir in den letzten eineinhalb Jahren aufgebaut hatte, wenn ich jetzt aufgebe. Jeden Abend vor dem Einschlafen habe ich Gott angerufen, mit ihm gesprochen und das Vaterunser gebetet. Ich brauchte diese Unterstützung von oben und fühlte bald, dass er mir beistand. Das Gebet half mir, das eigene Leben und das Zusammenleben mit den anderen in der Therapiegemeinschaft besser zu bewältigen, und ich habe dann begonnen, auch tagsüber regelmäßig zu beten. Durch die Gebete erlebte ich etwas Neuartiges in mir, das mir eine ungewöhnliche innere Ruhe gab, die ich vorher im Leben noch nie empfunden hatte. Deshalb war das Gebet für mich etwas unerwartet Heilbringendes. Ich spürte das erste Mal tiefes Vertrauen zu Gott, und von diesem Zeitpunkt an habe ich ihn dann in mein Herz aufgenommen.

Diese Ruhe und diese Kraft brauchte ich auch, als die Prozessverfahren gegen mich liefen und ich vor Gericht erscheinen musste. Denn ich hatte ja immer so riesengroße Angst davor gehabt, auch während der Therapiezeit schon ins Gefängnis zu kommen. Als die Urteilsverkündung vom Richter verlesen wurde, fiel mir ein Stein vom Herzen. Ich war sehr erleichtert, dass ich nicht in den Knast musste, denn alle diese Verfahren fielen positiv für mich aus. Anstatt meine Strafe im Gefängnis absitzen zu müssen, verurteilte mich das Gericht, das Therapieprogramm »Projekt Mensch« bei LA STRADA – DER WEG weiterzumachen und gab mir dadurch die Chance, ein neues Leben zu beginnen. Zu diesen Verhandlungen begleitete mich der damals Verantwortliche von »Projekt Mensch«, Padre Gianni Cosciotti, und legte bei Gericht ein gutes Wort für mich ein. Ich war über dieses Urteil glücklich und zufrieden und war froh, noch einmal heil davongekommen zu sein. Auch die Angst, die ich vor dem Gefängnis hatte, war für mich danach wie weggeblasen. Hätte ich aber nach der Urteilsverkündung das Therapieprogramm abgebrochen, wären die Therapeuten dazu gezwungen gewesen, dies sofort den Behörden zu melden, worauf mich dann die Sicherheitsorgane abgeholt hätten und ich meine Strafe für eine längere Zeit im Gefängnis absitzen hätte müssen. Ich habe daraufhin täglich noch motivierter und härter an mir gearbeitet, habe nicht mehr ans Abbrechen der Therapie gedacht und wollte nur noch eins – ein anderer Mensch werden.
Durch die täglichen Gespräche zwischen uns Jugendlichen und durch die verschiedenen Gruppen- und Gesprächstherapien, bei denen ich meine Vergangenheit bis zurück in die Kindheit aufarbeiten konnte, habe ich gelernt, die Probleme anzugehen und offen über meine Ängste und Unsicherheiten zu sprechen. Ich entdeckte die Freude am Leben, habe gelernt, mit meinen Gefühlen umzugehen, Men-

schen zu respektieren, verlässlich zu sein, Verantwortung zu übernehmen und meine psychischen Bedürfnisse auf ehrliche Art und Weise zu befriedigen. Die Ursachen meines Fehlverhaltens habe ich durch diese Therapiegespräche erkannt und habe dadurch mein Selbstbewusstsein, mein Selbstvertrauen und meine Selbstsicherheit gestärkt und aufgebaut. Durch dieses Zusammenleben in der Gemeinschaft wurde mein Persönlichkeitsbild neu geformt, ich habe mich kennen gelernt und zu mir selbst gefunden.

Der Tagesablauf in der Therapiegemeinschaft Josefsberg:

6.45 Uhr	Aufstehen
6.45 bis 7.30 Uhr	Sich zurechtmachen und das Schlafzimmer aufräumen
7.30 bis 7.45 Uhr	Frühstück
7.45 bis 8.00 Uhr	Aufräumen und abspülen
8.00 bis 9.00 Uhr	Morgenbegegnung
9.00 bis 9.15 Uhr	Arbeitsverteilung
9.15 bis 12.45 Uhr	Arbeit
13.00 bis 14.00 Uhr	Mittagessen
14.00 bis 15.00 Uhr	Aufräumen und abspülen
15.00 bis 18.30 Uhr	Arbeit
18.30 bis 19.15 Uhr	Im Haus aufräumen
19.30 bis 20.15 Uhr	Abendessen
20.15 bis 21.20 Uhr	Aufräumen und abspülen
21.20 bis 22.20 Uhr	Freizeit
22.20 Uhr	Zu Bett gehen
Montag, Mittwoch, Freitag, 15 bis 18 Uhr	Spezielle Gruppen- und Gesprächstherapien
Samstag	Generalputz im ganzen Haus
Samstag ab 17 Uhr	Freizeit
Sonntag 8.45 Uhr	Aufstehen
Sonntag	Freizeit

Das Therapieprogramm war aber für mich damit noch lange nicht beendet, und ich hatte Angst vor der dritten Phase der Wiedereingliederung. Hier in Josefsberg fühlte ich mich in der Gemeinschaft geborgen, und ich wusste, dass ich hier nie allein gelassen würde und dass sich alle um mich kümmerten, wenn ich Probleme hatte. Aber in der dritten Phase sind die Regeln nicht mehr so streng, man hat mehr Freiheit und muss sich in diesem nicht mehr so geschützten Leben bewähren. Und genau vor diesem ungeschützten Leben in der Freiheit und vor den Menschen da draußen hatte ich große Angst, weil ich mir damals nicht vorstellen konnte, dass ich in der Freiheit allein zurechtkommen könnte. Deshalb gab es noch Gruppentherapien, in denen ich alle diese Fragen und Ängste besprechen und verarbeiten konnte. Außerdem wurde mir erklärt, dass ich mich auf das Leben draußen einstellen und vorbereiten sollte. Diese sechzehn Monate in Josefsberg waren für mich bis dahin die bedeutendsten in meinem Leben. Für mich war diese Zeit wie eine zweite Geburt; ich habe dort ein Zuhause gefunden, das mir immer in Erinnerung bleiben wird.

Die Wiedereingliederungsphase

Nach einem Jahr und vier Monaten bin ich dann im Herbst 1986 ins »Franziskushaus«, das neue Therapiezentrum der Wiedereingliederungsphase, nach Bozen gekommen. Ich musste mich auf mein zukünftiges, selbständiges und unabhängiges Leben in Freiheit vorbereiten. Diese Phase dauerte bei mir über vier Monate, und die Regeln waren nicht mehr so streng wie in der Therapiegemeinschaft. Ich hatte mehr Bewegungsfreiheit und Freizeit. Den Schutz, den ich noch in der zweiten Therapiephase von der Gemeinschaft bekommen habe, hatte ich jetzt nicht mehr. Außerdem habe ich in dieser Zeit schrittweise den Kontakt zu meiner Familie und zur Gesellschaft wieder aufgenommen. Ich habe mich erst

Im Franziskushaus verbrachte ich die letzten vier Monate meiner Therapiezeit.

daran gewöhnen müssen, mich da draußen zurechtzufinden, wo Konfrontationen, Auseinandersetzungen und Meinungsverschiedenheiten an der Tagesordnung sind. Ich konnte deshalb nicht einen Rückzieher machen und mich vor meinen eigenen Problemen drücken. Ich musste mich ihnen stellen und die Schwierigkeiten bewusst angehen, mich mit ihnen auseinander setzen und lernen, in der Gesellschaft wieder zurechtzukommen. Ich konnte nicht von mir verlangen, dass ich mein ganzes Leben lang von jemandem geführt, begleitet und beschützt würde. Ich musste selbst schauen, wie ich weiterkomme. Es gab deshalb auch Selbsthilfegruppen, in denen man über diese Ängste sprechen konnte. In diesen Gesprächen lernte ich nach und nach, meine Offenheit, die ich in der Therapiegemeinschaft ausgelebt hatte, nicht mehr so zu zeigen. Ich konnte nicht mehr so sensibel mit meinen Gefühlen umgehen, denn das wäre für mich gefährlich gewesen, und ich hätte durch meine Empfindlichkeit vielleicht einen Rückfall bekommen und wieder zu Drogen gegriffen. Ich musste das Leben von der Wirklichkeit aus sehen und erkennen, dass die Menschen in der Realität härter, gleichgültiger und auch viel verschlossener sind, als wir Jugendliche es in der Therapiegemeinschaft waren. Mir war voll bewusst, dass eines Tages Schwierigkeiten auftreten könnten. Ich hatte verschiedene Ängste in dieser Phase, aber ich habe zu keinen Drogen mehr gegriffen. Ich bin meine Probleme bewusst angegangen, habe sie schrittweise verarbeitet und habe das Gespräch gesucht. Somit habe ich Verantwortung für mich selbst übernommen. Ich wirkte nicht mehr so unsicher wie während der zweiten Therapiephase und konnte Mühen auf mich nehmen, Enttäuschungen verkraften und mit Konfliktsituationen umgehen. Durch den Erfolg meiner positiven Lebensveränderung bekam ich eine ungewöhnliche Energie und Kraft und freute mich auf das Leben in Freiheit.

In diesen Monaten bereitete meistens ich für die anderen Jugendlichen das Frühstück, kochte das Mittag- oder Abendessen, besuchte in der Gemeinschaft einen Italienischkurs und fing an, mich für verschiedene Bücher zu interessieren. Außerdem bekam ich wöchentlich ein Taschengeld und musste lernen, es sinnvoll zu verwalten. Ich konnte in der Freizeit ausgehen, um mich zu unterhalten, musste aber zur vereinbarten Zeit immer wieder zurück sein. Über jedes zweite Wochenende durfte ich zu meiner Familie nach Hause fahren, wobei mich am Anfang ein Jugendlicher von der Gemeinschaft begleitete. Im Januar 1987 wurde ich dann von einem Therapeuten zu einem Vortrag nach Toblach eingeladen, wo ich das erste Mal aus meinem Leben erzählte. Die Therapie war damals hart, aber für mich und viele andere war sie richtig. Nur wenige sind rückfällig geworden.

Mir wurde immer mehr bewusst, dass diese Therapiezeit ein wichtiger Abschnitt in meinem Leben war und für mich jetzt ein neuer Lebensabschnitt beginnen würde. Aber dass die Therapie damit noch lange nicht zu Ende war, wurde mir auch klar, und ich wurde täglich gefordert, an mir zu arbeiten. So nahte langsam der letzte Tag in der Therapiegemeinschaft, und ich durfte am 31. Januar 1987 endgültig zu meiner Familie nach Hause fahren.

Nach der Therapie

Jetzt aber kam für mich die schwierigste Aufgabe, denn ich musste den Weg zurück in die Gesellschaft, zu einem geordneten Leben fern von der Drogenszene finden. Erst jetzt konnte ich mich richtig auf die Probe stellen und mir selbst und den anderen beweisen, ob ich wirklich an mir gearbeitet hatte oder nicht.
Durch meine Lebensweise in den Jahren meiner Abhängigkeit habe ich wahrlich nicht immer ein gutes Bild bei manchen Menschen hinterlassen. Öfters hatte ich den Gedanken, was mich nun wohl erwarten würde. Wie werden die Menschen reagieren, die mich kennen? Werden sie mich akzeptieren und annehmen, wie ich bin, oder werden sie mich ablehnen? Wie werde ich reagieren, wenn mir jemand Drogen anbietet? Was werde ich wohl arbeiten? Steht meine Familie immer noch so fest hinter mir?
Dies alles waren Fragen, die mich stark beschäftigten.
Meine Familie hatte damals noch immer große Angst und machte sich Sorgen um mich, als ich Ende Januar 1987 endgültig nach Hause kam. Sie dachte, dass ich vielleicht – wenn es Schwierigkeiten, Meinungsverschiedenheiten, Auseinandersetzungen und Probleme zu Hause oder irgendwoanders gäbe – wieder zu Drogen greifen könnte. Dieser Fall ist aber nicht eingetreten, denn ich habe in der Therapie gelernt, in solchen Situationen klaren Kopf zu bewahren.

Meine Familie konnte somit darüber beruhigt sein, dass ich keine Drogen mehr nehme, und wenn es trotzdem Probleme gab, haben wir sie gemeinsam durch Gespräche gelöst. Ich nahm Rücksicht auf meine Familie, war verlässlich, respektierte sie alle und war zu ihnen ehrlich. So entstand zwischen meinen Eltern und den Geschwistern ein tiefes Vertrauen, und diesen Umgang pflegte ich auch bei den anderen Menschen. Alle in meiner Familie waren sehr glücklich darüber. Ich zeigte keine Nervosität und Unruhe und hatte keine Wutausbrüche oder Aggressionen mehr, wenn Konfliktsituationen auftraten. Ich konnte zuhören, wirkte ruhig, zufrieden und entspannt, konnte mit allen diskutieren und sprechen. Man kann sagen, dass ich durch die Therapie neue Energien bekommen habe, und ich fühlte mich von der Vergangenheit befreit. In dieser Zeit schaute meine Zukunft aber nicht so rosig aus. Ich hatte keine Arbeit, und es standen noch weitere Operationen meiner beiden Hüften bevor.

Ich gab aber nicht auf. Ich habe mich in den darauf folgenden Jahren fortlaufend in Kommunikation, Rhetorik, Umgang mit verschiedenen Menschentypen, Gesundheit und anderen verschiedenen Themenbereichen weitergebildet und habe mir somit viel Hintergrundwissen zum Thema »Mensch und Abhängigkeit« angeeignet.

Im Mai 1987 besuchte mich ein Religionslehrer zu Hause und bat mich, ob ich während seiner Unterrichtsstunden in die Schule kommen würde, um seinen Schülern meine Lebensgeschichte zu erzählen, damit sie einigermaßen über die Gefahren der Drogensucht aufgeklärt würden. Nach längeren Überlegungen stimmte ich dann zu, und dies war der Beginn meiner Vortragstätigkeit, die ich in den darauf folgenden Jahren immer mehr ausbaute. Aus dem einen Mal sind bis heute viele Vorträge und Radiosendungen geworden, die ich in ganz Südtirol gehalten habe. Diesem

Lehrer habe ich es zu verdanken, dass er mich in den Jahren, als ich noch keine Arbeit hatte, immer wieder in die Oberschule mitgenommen hat, wo ich von meinen Erfahrungen erzählte. Somit hatte ich eine Beschäftigung, die mich befriedigte und durch die ich noch dazu Menschen helfen konnte. Es interessierten sich daraufhin immer mehr Mittel- und Oberschulklassen in Brixen für meine Vorträge. Auch andere Schulen in Südtirol haben von meinen Vorträgen gehört, und in den Jahren darauf wurde die Nachfrage zu diesem Thema immer größer und auf ganz Südtirol ausgedehnt. So wurde ich immer wieder in Mittel- und Oberschulen, in verschiedene Bildungshäuser, von Verbänden und Vereinen und von anderen Veranstaltern eingeladen. Diese Arbeit gab mir sehr viel, und ich habe Hunderte von Dankschreiben bekommen.

Meine Erwartungen in der Freiheit haben sich viel mehr erfüllt, und ich habe mehr erreicht, als ich je zu hoffen gewagt habe. Ich habe täglich hart an mir gearbeitet, habe in Weiterbildungskursen gelernt positiv zu denken und habe mich von niemandem mehr beeinflussen lassen. Ich habe den Freundeskreis radikal geändert und neue Freundschaften aufgebaut. Die Freunde, die ich als Abhängiger hatte, habe ich gemieden.

Die Menschen, die mich als Abhängigen bestens kannten, konnten es kaum glauben, was ich in diesen letzten drei Jahren aus mir gemacht hatte. Sie nahmen mich an, zeigten Freude mir gegenüber, und einige Personen gratulierten mir. Sogar ein höherer Polizeibeamter suchte mich einmal auf, reichte mir seine Hand und staunte nicht schlecht, wie ich mich verändert hatte.

Einige Monate nach der Therapie wurden mir von einem Drogenabhängigen, der mich noch aus meiner Abhängigkeit her kannte, Drogen zum Kauf angeboten. Ich distanzierte mich sofort von ihm und gab ihm klar zu verstehen, dass ich kein Bedürfnis mehr danach habe, mich mit Drogen zu betäuben, und er solle mich in Ruhe lassen, da ich sonst auf Rechtswegen zu anderen Mitteln greifen werde. Diese deutliche Aussage hat Wirkung gezeigt, und von da an hatte ich meine Ruhe, und mir wurde nie mehr etwas angeboten.

Im Jahr 1995 wurde ich von den Lesern der Monatszeitschrift »Der Brixner« hinter Dekan Leo Munter an zweiter Stelle zum »Brixner des Jahres« gewählt. Das war für mich eine große Freude.

Zu Gott gefunden – tief greifende Begegnung mit Jesus Christus

Ich hatte nie Zweifel an der Existenz Gottes, aber seitdem ich 1987 in Jesus Christus Gott gefunden habe und erkannte, dass der Glaube an ihn der richtige Weg ist, geht es mir bedeutend besser. Erst durch das tiefe Vertrauen zu ihm hat mein Leben einen wirklichen Sinn bekommen, wie ich im Matthäusevangelium lesen konnte: *Bittet, dann wird euch gegeben; sucht, dann werdet ihr finden; klopft an, dann wird euch geöffnet. Denn wer bittet, der empfängt; wer sucht, der findet; und wer anklopft, dem wird geöffnet (Mt 7, 7)*. Durch die täglichen Gebete zu Gott bekomme ich Sicherheit und Halt, fühle mich geborgen und finde Trost. Ich brauche das tägliche Gebet, und er ist es, der mich begleitet. Durch den Heiligen Geist gibt Gott mir Kraft und zeigt mir, wo ich mit meinen Problemen Halt finden kann. Auch heute noch habe ich meine Ängste, Unsicherheiten und Schwierigkeiten; deshalb lege ich alle meine Sorgen in Gottes Hände und bin überzeugt, dass er mir beisteht. Dazu hilft mir das folgende Bibelwort: *Werft alle Sorgen auf ihn, denn er kümmert sich um euch (1 Petr 5, 7)*. Ich rufe ihn am Morgen, während des Tages und am Abend immer wieder an, sei es zu Hause, bei der Arbeit, im Auto oder in der Natur. Ich bete für mich, für meine Familie und auch für andere Menschen, damit wir in Frieden leben und uns mit Freude begegnen können, wie der Apostel Jakobus schreibt: *Du sollst deinen Nächsten lieben wie dich selbst (Jak 2, 8)*. Hätte ich nicht zu ihm gefunden, wer sollte mir sonst diese ganze Kraft geben, die ich täglich zum Leben brauche? Ich weiß heute schon, dass meine Beine mich nicht mein ganzes Leben lang tragen werden, dass ich wieder Schmerzen bekommen werde; und wie sich meine unheilbare Leberkrankheit weiterentwickeln wird, ist auch noch ungewiss. Sollte ich ein höheres Alter erreichen, werde ich wegen meiner schweren Behinderung einmal die Hilfe von anderen Menschen nötig haben, darüber bin ich mir heute schon im Klaren.

Erfahrungen mit Gott in der Kindheit

Seit meiner frühesten Kindheit haben mich meine Eltern religiös erzogen; ich habe aber nie wirklich verstanden, was die Botschaft Gottes und was Glauben zu Gott im tiefsten Sinn bedeuten soll. Jeden Sonn- und Feiertag gingen wir Kinder zur heiligen Messe. Außerdem bin ich mit meinen Eltern in der Fastenzeit zum Kreuzweg und im Mai zur abendlichen Maiandacht gegangen. Oft sind wir zu verschiedenen Wallfahrtsorten gepilgert. Ich habe bei Beerdigungen Blumenkränze getragen und einmal auch geholfen, den Sarg zu tragen. Ich habe an verschiedenen Prozessionen teilgenommen, und zu Hause haben wir öfters den Rosenkranz gebetet. Außerdem bin ich in unserer Pfarrei für einige Monate Ministrant gewesen und war als Begleiter mit den Sternsingern unterwegs. Ich wollte bis zu meinem zehnten Lebensjahr immer Priester werden und habe deshalb als Kind mit meinen Geschwistern und Kindern aus der Nachbarschaft öfters »Priester und Kirche« gespielt. Wir haben uns verkleidet, ich meistens als Priester und die andern als Nonnen, Patres, Mitbeter und Musikanten. Wir haben zu Hause in der Küche auf einem Tisch mit Leintüchern, einem Kreuz und Blumen einen Altar aufgebaut. Nachher sind wir alle ins Freie gegangen und haben Prozession gespielt. Diese Erlebnisse und Erinnerungen sind für mich heute sehr ergreifend, und ich denke gerne an diese Zeit zurück.

Trotz dieser vielen Begegnungen mit Gott habe ich nie so richtig zu ihm hingefunden und habe mich vom Glauben abgewandt. Der abendliche Rosenkranz, die Gebete zu Hause, die Sonntagsmesse – dies alles kam mir mit der Zeit wie ein langweiliger Zwang vor, und ich konnte damit nichts mehr anfangen. Außerdem bekam ich noch einen Zorn auf einen Kirchenaufseher, der mich zweimal während der heiligen Messe bei den Ohren nahm und mich vor allen Kirchgängern ganz vorne in die Mitte des Gotteshauses hinstellte, weil ich nicht ruhig gewesen war. Ich habe mich geschämt, als mich alle Leute so anstarrten, als hätte ich ein Verbrechen begangen.

Erfahrungen mit Gott in der Zeit der Abhängigkeit

Trotzdem suchte ich während meiner Abhängigkeit immer wieder die Kirche auf, oder ich habe im Freien verzweifelt nach Gott gerufen, der mich damals aber nie erhörte. Oft bin ich in die Kirche hineingegangen, wollte beten, hatte aber die Kraft nicht dazu und wusste auch nicht, wie ich richtig beten sollte. Ohne Worte bin ich vor dem Kreuz gestanden, habe fluchend und zugleich flehend nach ihm gerufen, dass er mir bitte helfen soll, damit ich ein anderer Mensch werde. »Wo bist du?«, schrie ich manchmal nach ihm, wenn ich in den dunkelsten Stunden oft der Verzweiflung nahe war. Heute verstehe ich, warum er mich damals nicht erhören konnte, denn ich wollte lieber dieses erbärmliche Leben mit Drogen weiterführen, als mich von ihm heilen zu lassen. Ich hätte zuerst mir selbst helfen müssen.

Ich wollte die Schuld lieber Gott zuschieben und fing an, mich gegen ihn aufzulehnen, weil er mir dieses Leben auferlegt hat. Damals konnte ich nicht begreifen, dass ich selbst schuld an meiner Abhängigkeit war, und ich habe Gott falsch verstanden.

Erfahrungen mit Gott nach der Therapie

Im März 1984 habe ich angefangen, mit Gott zu sprechen und täglich zu beten. Es war, als ich bei LA STRADA – DER WEG mit dem Therapieprogramm begann. Die tief greifende Beziehung zu Gott bekam ich im Februar 1987, als ich wochenlang wegen der Schmerzen in meinen Beinen ans Bett gefesselt war. Da besuchte mich ein Religionslehrer, der ein Freund meiner Familie war, und schenkte mir eine Bibel, die ich am Anfang nur aus purer Langeweile gelesen habe. Doch je öfter ich darin blätterte, desto mehr las ich aus den Zeilen heraus und wurde immer neugieriger. Von da an begann ich, die Bibel – vor allem das Neue Testament – intensiv zu lesen, und unterstrich alle Worte und Bibelsätze, die mir wichtig erschienen. Später nahm ich an Bibelrunden im Kapuzinerkloster in Brixen teil. Durch die Worte

Während meiner Therapie dachte ich täglich an das Talhoferkreuz oberhalb meines Elternhauses und schöpfte daraus neue Kraft und Hoffnung.

der Heiligen Schrift bekam ich ein ganz anderes Bild vom Leben.

Nicht nur durch die Therapiegemeinschaft habe ich ins normale Leben zurückgefunden, sondern Gott hat mir nach der Therapie den richtigen und dauerhaften Weg zur inneren Heilung gezeigt, wenn man ihn annimmt und ihm tief vertraut, wie ich in der Heiligen Schrift lesen konnte: *Glaube aber ist: Feststehen in dem, was man erhofft, Überzeugtsein von Dingen, die man nicht sieht (Hebr 11,1)*. Seitdem ist meine erste Bezugsperson auf dieser Welt Jesus Christus, auf den ich mein ganzes Vertrauen setze. Der Glaube, die Hoffnung und die Liebe zu ihm stärken mich täglich, wie es in der Bibel heißt: *Darum sollst du den Herrn, deinen Gott, lieben mit ganzem Herzen und ganzer Seele, mit all deinen Gedanken und all deiner Kraft (Mk 12,30)*. Durch ihn habe ich gelernt, Tag für Tag, Stunde für Stunde bewusst zu leben.

Das Wort Gottes ist nicht immer leicht zu verstehen, aber ich versuche, so gut es geht, es zu befolgen. Wenn ich ihn nicht kennen gelernt hätte, wüsste ich nicht, ob ich so geworden wäre, wie ich heute bin und lebe. Deshalb wird Gott für mich immer der erste Ansprechpartner bleiben, bevor ich selbst über etwas entscheide. Das Gebet zu ihm ist für mich selbstverständlich und so wichtig wie atmen, essen und trinken. Durch die Kraft des Heiligen Geistes habe ich im Leben überhaupt erst zu mir selbst gefunden, kann besser mit anderen Menschen umgehen, sie verstehen und ihnen helfen und kann Enttäuschungen besser verkraften. Hass, Neid, Rache und Eifersucht haben keinen Platz mehr in meinem Leben. Deshalb sind die Worte im Jakobusbrief von so großer Bedeutung für mich: *Jeder Mensch soll schnell bereit sein zu hören, aber zurückhaltend im Reden und nicht schnell zum Zorn bereit; denn im Zorn tut der Mensch nicht das, was vor Gott recht ist (Jak 1,19–20)*. Oder wie Lukas

Kirche und Bildstöcklein am Besinnungsweg von Brixen nach Sankt Cyrill nahe Tils – hier kam ich immer wieder zur Ruhe und schöpfte neue Kraft.

schreibt: *Richtet nicht, dann werdet auch ihr nicht gerichtet werden. Verurteilt nicht, dann werdet auch ihr nicht verurteilt werden (Lk 6, 37).* Gott wird mich niemals verlassen, denn ich empfinde seine unendliche Liebe in mir und klammere mich an ihm fest, lasse nicht mehr locker, und ich weiß, dass ich bei ihm sehr gut aufgehoben bin.

Das größte Geschenk, das ich von Gott bekommen habe, ist die Freude am Leben und die Gewissheit, von ihm geliebt zu werden. Denn er hat aus einem fast schon todgeweihten Menschen, wie ich es war, einen neuen Menschen gemacht, und ich werde ihm mein ganzes Leben lang dafür danken. Durch meine Schuld habe ich als Drogenabhängiger ein schweres Kreuz tragen müssen und habe dadurch viel Leid erfahren, aber auch anderen Leid zugefügt. Gott hat sich mir aber geoffenbart und mich mit seiner Kraft zur Umkehr bewogen. Er hat mich mit all meinen Fehlern, so wie ich bin, angenommen, und ich kann durch ihn nur noch reifer werden und wachsen. Ohne ihn kann ich heute nicht mehr leben. Deshalb lege ich voll Vertrauen mein Leben und meinen Geist in seine Hände, und nichts im Leben wird mich hoffentlich mehr von ihm trennen, bis er mich zu sich ruft ins Licht der Ewigkeit.

Ein Rückfall

Im Sommer 1987 begegnete ich einem Mädchen, das ich von früher aus der Drogenszene her kannte. Sie wusste nicht, dass ich eine dreijährige Therapie hinter mir hatte, und stieg zu mir ins Auto. Während der Fahrt erzählte ich ihr begeistert von meinem Therapie-Erfolg. Sie beklagte sich, dass sie immer noch tief in der Szene stecke und auch eines Tages von ihrer Sucht befreit werden möchte.

In der Zwischenzeit waren wir in einem Bergdorf in der Umgebung von Brixen angelangt und machten Rast neben einem Kirchlein. Vor Schreck blieb mir der Atem stehen, als das Mädchen eine Haschischzigarette zu rauchen begann. Ich bekam Verlangen mitzurauchen und machte einige Züge. Ich habe nach diesen Zügen fast keine Wirkung empfunden, aber die Lust, eine Haschischzigarette zu rauchen, war auf einmal wieder da.

Wie ein Gleichnis für mich selbst: Absterben und Wiedererwachen in der Natur

Nach dieser Begegnung hatte ich stundenlang negative Gedanken, die mich nicht mehr in Ruhe ließen. Ich fühlte mich stark und wollte nur ein einziges Mal erleben, was ich empfinde, wenn ich bewusst Haschisch rauchen würde. Ich war überzeugt, dass dieses eine Mal mir nicht schaden würde.

Einige Tage später rief mich zufällig eine junge Frau an, mit der ich in der Therapiegemeinschaft war. Sie teilte mir mit, dass sie mich am Wochenende gerne besuchen würde. Ich freute mich auf das Treffen und erzählte ihr von der Begegnung mit dem anderen Mädchen. Sie war nicht besonders begeistert, als ich ihr vorschlug, am Wochenende Haschisch zu rauchen, aber zum Schluss willigte sie ein.

Noch in derselben Woche bin ich nach Bozen gefahren und habe mir einige Gramm Haschisch besorgt. Seit über drei Jahren hatte ich mich nicht mehr in der Drogenszene aufgehalten, und mir kam dort alles so eigenartig und fremd vor. Dieses respektlose und gleichgültige Verhalten,

diese blinzelnden Augen und der starre Blick von diesen drogenabhängigen Typen, all das machte mir auf einmal Angst. Für einen Augenblick fühlte ich mich in die Zeit zurückversetzt und sah in Bildern meine schreckliche Vergangenheit wieder. Ich kam mir mies und schmutzig vor, wollte die Droge aber dennoch bekommen und mich dann schleunigst davonmachen.
Am Samstagabend rauchten wir dann im Auto bewusst diese Haschischzigarette, und wir waren uns im Klaren, dass wir ein gefährliches Spiel trieben. Die Rauschwirkung war enorm, und wir fuhren schweigend und ziellos in der Gegend umher. Ich kam mir wieder wie ein »Junkie« (Rauschgiftsüchtiger) vor, zeigte gleiche Verhaltensweisen wie in der damaligen Zeit, und ich wurde plötzlich von großen Angstzuständen überfallen. Das restliche Haschisch aber rauchte ich trotzdem, aufgeteilt in kleine Dosen, in der darauf folgenden Woche weiter, und ich kam mir während des Rauchens immer wie ein Trottel vor, der es nicht lassen kann, bevor es nicht ganz aufgebraucht ist.
Tage später bekam ich Schuldgefühle, fühlte mich als Versager und wusste nicht, wie es weitergehen sollte. Ich kämpfte mit mir und musste plötzlich mit Entsetzen feststellen, dass sich meine Gedanken wieder um Drogen drehten. Ich bekam große Angst und konnte nur eines tun, mich bei LA STRADA – DER WEG wieder melden. Ich hatte einige Tage später ein ausführliches Gespräch mit dem Verantwortlichen der Therapiegemeinschaft, Don Giancarlo Bertagnolli, und konnte mein Fehlverhalten durch mehrere Gespräche aufarbeiten. Ab diesem Zeitpunkt habe ich nie mehr zu einer Droge gegriffen.

Durch die Drogen zum Invaliden

Über meinen Gesundheitszustand habe ich mir kaum Gedanken gemacht. Oft haben mich meine Eltern und die Ärzte darauf hingewiesen, dass ich eines Tages die Folgen der Sucht zu spüren bekommen werde. Auf diese Ratschläge habe ich nie gehört, und ich wurde aggressiv, wenn mich jemand auf die Gefahren aufmerksam machte. Wie Recht alle damit hatten, beweist mein heutiger körperlicher Zustand. Ich habe mir mein Leiden selbst allein zugefügt und darf niemand anderem die Schuld geben, dass ich heute Probleme mit dem Körper habe. Der daraus entstandene Schaden ist so gewaltig, dass er nicht mehr wieder gutzumachen ist.

Im Frühjahr 1984 bekam ich immer stärkere Schmerzen in den Hüften und konnte mich nur mehr mit Krücken fortbewegen. Ich hatte Schmerzen beim Stehen, Gehen, Sitzen und Liegen und konnte nicht mehr richtig schlafen. Mein rechtes Bein hat sich sogar teilweise deformiert. Es kam so weit, dass ich auch mit Krücken nicht mehr gehen konnte. Als die Schmerzen immer unerträglicher wurden und ich das Krankenhaus von Brixen aufsuchte, wurde ich von dort in die Uni-Klinik Innsbruck zur Untersuchung überwiesen. Bei den dortigen Röntgenuntersuchungen wurden schwere Abnützungserscheinungen an beiden Hüften festgestellt. Diagnose: schwere Hüftgelenksarthrose mit Hüftkopfnekrose. Der Schock und die Angst saßen tief, als mir gesagt wurde, dass ich Beine wie ein alter Mann hätte. Die Ärzte waren über meinen Zustand äußerst besorgt, weil ich erst 26 Jahre alt war. Ich musste viele Fragen über mich ergehen lassen, und sie vermuteten, dass es eine angeborene Erbkrankheit sei oder dass es sich um die Verletzungsfolgen eines Unfalls handle. Aber beides war nicht der Fall, und ich erzählte den Ärzten meinen Lebenslauf. Sie konnten sich die eigentlichen Ursachen meiner Arthrose nicht erklären, aber sie glaubten, dass sicherlich meine Abhängigkeit bei der Entstehung dieser Krankheit auch eine Rolle gespielt habe.

Diese Hüftgelenkserkrankung führte zu einer Zerstörung und Minderung der Belastungsfähigkeit meiner beiden

Hüftgelenke. Gefühle der Ohnmacht und der Verzweiflung überfielen mich, als ein Arzt mir sagte, ich werde nie mehr laufen können und dass ich für den Rest meines Lebens lernen müsse, mit meinem Körper anders umzugehen. Ich machte nun die wohl schwerste Zeit meines Lebens durch und war dankbar, dass ich Menschen hatte, auf die ich zählen konnte. Das waren vor allem meine Familie und die Mitglieder der Therapiegemeinschaft. Mir wurde bewusst, dass ich ab jetzt mein Leben drastisch umstellen und auf vieles verzichten müsse. Ich brauchte Jahre, bis ich das alles verarbeiten konnte. Ganz verarbeitet habe ich es bis heute noch nicht und leide immer noch darunter.

Im September 1984 wurde ich dann in der Uni-Klinik Innsbruck operiert. Es wurde eine Umstellungs-Osteotomie an der rechten Hüfte und eine Anbohrung an der linken Hüfte durchgeführt. Diese Eingriffe waren notwendig, um eine Schmerzlinderung zu erzielen und um zu verhindern, dass die Arthrose weiter voranschreite. Aber meine Hüftgelenke waren schon so weitgehend geschädigt und zerstört, dass keine Zustandsverbesserung mehr erzielt werden konnte. Man wollte jedoch bei mir mit einer Hüftgelenksprothese noch einige Zeit zuwarten, weil nur in Ausnahmefällen künstliche Hüftgelenke bei jüngeren Menschen implantiert werden.

Ich war ein solcher Ausnahmefall und schob diese Operationen um drei Jahre hinaus. Mir wurden dann im Oktober 1987 links und im Juni 1988 rechts zementfreie Hüftgelenksprothesen implantiert. Dank dem Einbau dieser künstlichen Gelenke ging es mir danach bedeutend besser, und ich konnte relativ schnell schmerzfrei leben. Ich musste lernen, mit den neuen Hüften umzugehen, und es konnte dadurch eine verbesserte Hüftgelenksbeweglichkeit und ein besseres Gehen erreicht werden, wenngleich immer nur mit Hilfe der Krücken. Der Spannungsschmerz in den Ober-

schenkeln, den ich nach den Operationen hatte, verschwand nach einigen Monaten. Diese Schmerzfreiheit war jedoch für mich etwas Gutes und Beängstigendes zugleich. Ich konnte nach Jahren wieder normal umhergehen, aber auf der anderen Seite wurde mir bewusst, dass ich ein künstliches Gelenk habe, das nie so gut sein kann wie ein natürliches. Welche schlimmen Spätfolgen bei einem zu früh eingesetzten künstlichen Hüftgelenk entstehen können, darüber haben mich die Ärzte bestens aufgeklärt. Im schlimmsten Fall müsste ich lebenslang mit Krücken gehen, wäre auf den Rollstuhl angewiesen oder ans Bett gefesselt. Deshalb habe ich vor dieser Krankheit Angst, sollte ich ein höheres Alter erreichen.
Ich konnte mich trotz dieser Operationen von 1984 bis Ende 1991 nur mit Krücken fortbewegen, weil ich nach der ersten Operation 1984 nie Muskelaufbautraining gemacht hatte. Die verloren gegangene Muskelmasse, hauptsächlich am linken Bein, musste ich durch besondere Therapien unter Anleitung eines Physiotherapeuten aufbauen, was Jahre gedauert hat. Außerdem wurden mir vom Physiotherapeuten viele Übungen gezeigt, die ich allein zu Hause ausführen konnte. Seit 1987 trainiere ich täglich gezielt die Gelenke und die Beinmuskulatur, um meine Beine beweglich zu erhalten. Ich gehe regelmäßig in die Brixner Acquarena zum Schwimmen, fahre Rad und mache leichte Spaziergänge. Ich darf nicht mehr laufen, kann nur mehr langsam gehen und trage orthopädische Schuhe mit elastischen Sohlen, damit die Erschütterungen im Bereich des Hüftgelenks abgefangen werden. Wenn bei Wetterfühligkeit oder bei längerem Gehen Schmerzen auftreten, muss ich heute noch immer die Stützkrücken benützen. Gewichtsbelastungen muss ich vermeiden und darf keine schwere körperliche Arbeit mehr verrichten. Ich habe einen Arbeitsplatz, an welchem ich zwischen Sitzen, Stehen und Gehen abwech-

seln kann. Sportarten, bei denen es zu ruckartigen Stoßbelastungen kommen kann, wie zum Beispiel Fuß- oder Handball, Tennis und andere, muss ich meiden. Nie konnte ich mich mit meinen Kindern so richtig austoben, was mir seelisch am meisten weh getan hat. Der Verzicht auf alle diese schönen Dinge hat mich schwer belastet. Welche Lebensdauer diese Kunstgelenke haben werden, kann ich nicht sagen. Deshalb versuche ich, so schonend wie möglich mit meinem Körper umzugehen. Jährlich unterziehe ich mich einer Kontrollvisite beim Facharzt und führe ein ruhiges, aber sonst normales Leben.

Durch meinen falschen Lebensstil in meiner Jugendzeit habe ich aus einem kerngesunden Menschen einen körperlich Behinderten gemacht, der ein Leben lang ein Invalide bleiben wird.

VIERTES KAPITEL

Ein neuer Mensch

Eine eigene Familie gegründet

Dass ich einmal eine Familie gründen und dazu auch noch Vater von zwei gesunden Kindern werde, das hätte ich mir nie träumen lassen. Ich machte mir damals Sorgen, weil ich glaubte, dass ich durch meine Abhängigkeit zeugungsunfähig geworden sei. Oft fragte ich mich, wer wohl mit einem körperlich Behinderten, der nicht einmal mehr richtig gehen kann und außerdem eine schreckliche Vergangenheit hinter sich hat, eine Ehe eingehen würde: Ich glaubte damals wirklich nicht daran, dass ich einen Menschen finden würde, der mich annimmt, wie ich bin.

Nach enttäuschenden Beziehungen zu Mädchen, die ich nach der Therapie kennen gelernt hatte – diese Beziehungen waren nie von langer Dauer – wollte ich keine neue Bindung mehr eingehen. Als ich mich bereits entschlossen hatte, allein zu bleiben, lernte ich 1989 meine spätere Frau kennen, die damals erst 19 Jahre alt war. Für mich war es Liebe auf den ersten Blick, und ich habe sehr um sie geworben. Der Einsatz lohnte sich, und wir heirateten vier Monate später. Ich war damals der glücklichste Mensch der Welt und freute mich riesig, dass ich einen Menschen gefunden hatte, der mit mir gemeinsam den Lebensweg gehen möchte. Meine Frau wurde schwanger, und alle meine Befürchtungen, dass ich zeugungsunfähig sein könnte, haben sich nicht bestätigt. Als dann im Jahr 1990 ein Mädchen geboren wurde und ich im selben Jahr eine Arbeitsstelle im Krankenhaus in Brixen bekommen habe, konnte ich das Glück kaum fassen. Im Jahr 1992 kam noch ein Bub dazu, und unser Glück schien grenzenlos. Gemeinsam bauten wir ein neues Zuhause auf und haben alles unternommen, damit unsere Kinder Liebe, Geborgenheit und Annahme in der Familie erleben durften.

Trennung und Scheidung

Diese Erfüllung dauerte aber nur bis zum Herbst 1996. Niemals habe ich mir gedacht, dass auch wir einmal zu den vielen Paaren zählen, deren Gemeinschaft nicht von Dauer sein sollte. Es hat zwischen uns beiden aufgrund der unterschiedlichen Charaktere wiederholt Streit und Missverständnisse gegeben. Ein Fortführen der ehelichen Beziehung schien uns auch wegen der nachteiligen Auswirkungen auf die Erziehung der Kinder als unmöglich. So haben wir im Jahr 1997 beschlossen, uns einvernehmlich zu trennen.

Ich selbst habe in dieser Zeit viel durchmachen müssen und glaubte oft, dies alles nicht mehr ertragen zu können. Für mich brach eine Welt zusammen, als mir meine Frau sagte, sie wolle sich von mir trennen. Diese Worte waren für mich ein schwerer Schock, von dem ich mich nur langsam erholte. Nachher überfiel mich eine bis dahin nie da gewesene Traurigkeit, und ich brach in einen Weinkrampf aus. Die Gewissheit, dass ich mich von meiner Familie trennen müsse, erzeugte in mir große Hoffnungslosigkeit und Angst. Ich machte mir Selbstvorwürfe und versuchte verzweifelt darüber nachzudenken, warum es so weit gekommen war. Mich plagten Schuldgefühle, in der Ehe versagt zu haben. Mir wurde bewusst, dass ich jetzt das Liebste, das ich auf dieser Welt habe, verlieren werde. Ich wusste nicht, wie es weitergehen sollte, und habe deshalb ein letztes Mal alles unternommen, um die Ehe noch zu retten. Aber auch dieser Kampf war aussichtslos, und es gab kein Zurück mehr. Die Ehe wurde im Jahr 2001 geschieden.

Ich musste alles aufgeben, verlor die Wohnung, zog mit meinen mir noch verbliebenen Habseligkeiten vorübergehend für ein Jahr zu meinen Eltern und musste nochmals von vorn beginnen. Ich bekam zusätzlich große finanzielle Schwierigkeiten. Es war schlimm für mich, alles zu verkraften, und am Ende hat es entsetzlich weh getan.

Oft wollte ich alles aufgeben, hatte manchmal keine Kraft mehr weiterzumachen und war der Verzweiflung nahe. Ich weinte viel und habe immer wieder seelischen Beistand bei meiner Familie und bei Freunden gesucht, um meine innerlichen Verletzungen zu verarbeiten. Außerdem suchte ich im Jahr 2001 psychologische Hilfe in der neu eröffneten Männerberatungsstelle der Caritas in Bozen. Als sehr heilsam und beruhigend wirkten das Gebet und das Vertrauen auf Gott.

Ich musste mich langsam damit abfinden, dass das Leben jetzt ohne intakte Familie weitergeht, sonst hätte ich mich durch depressive Gedanken nur selbst geschädigt. Ich brauchte viel Zeit, um dies alles überstehen zu können, und unternahm alles, um mir ein neues Leben aufzubauen. Ich wollte und konnte nicht nur mehr der Vergangenheit nachtrauern, das wäre einer psychischen Selbstzerstörung gleichgekommen.

Es ist mir gelungen, in der Nähe meiner Kinder eine neue behindertengerechte Wohnung zu finden. Die Beziehung zu meinen Kindern war und ist für mich von sehr großer Bedeutung; sie sollten durch die Trennung vom Vater nicht zusätzlich einen psychischen Schaden erleiden. Deshalb kämpfte ich um diese Wohnung, damit sie das Gefühl haben, dass der Vater nicht weit von ihnen entfernt wohnt. Sie können zu jeder Zeit kommen, wenn sie das Verlangen dazu haben, und ich werde für sie immer da sein. Ich versuche, ihre Bedürfnisse ernst zu nehmen, ihnen Vertrauen und Geborgenheit zu vermitteln, denn ich liebe sie über alles.

Einige Monate nach der Scheidung habe ich einen endgültigen Schlussstrich unter unsere zerbrochene Ehe gezogen. Bis meine seelischen Wunden ganz verheilt sind, wird noch einige Zeit vergehen. Und so manches Mal werde ich sicher einen schmerzlichen Stich im Herzen verspüren, wenn ich an die Vergangenheit denke. Was mir aber niemand nehmen kann, das sind die schönen Erinnerungen. Hätte ich in dieser schwierigen Zeit wieder zu Suchtmitteln gegriffen, hätte ich alles verloren, und es wäre dies mein Todesurteil gewesen.

Gesundheitliche Folgen der Sucht

Wie gerne hätte ich früher mit meinen Kindern herumgetobt, sie auf den Rücken genommen und noch viele andere Dinge gemacht, auf welche ich aber verzichten musste. Oft fragten sie mich, warum ich mit ihnen nicht so spielen könne, wie es andere Väter mit ihren Kindern tun. Ich habe mir vorgenommen, meine Kinder niemals zu belügen und ihnen die Wahrheit über meine Vergangenheit nicht zu verschweigen. Diese Konfrontation war nicht immer leicht, und ich musste auf ihre Fragen oft eine Antwort geben, die für mich schmerzlich war. Heute bin ich froh, dass ich ihnen die Wahrheit gesagt habe. Aufgrund der vielen Gespräche haben es meine Kinder mit der Zeit verstanden, warum sie einen gehbehinderten Vater haben.

Hepatitis-C-Virus

Für mich war es ein Schock, als ich Mitte der neunziger Jahre erfuhr, dass ich eine chronische Hepatitis C habe. Ich konnte mir am Anfang diese Krankheit nicht erklären. Ich wusste zwar, dass ich 1980 eine Gelbsucht hatte, und ich glaubte immer zu wissen, dass keine Folgeschäden zu erwarten seien. Dass ich aber eine schwer heilbare und möglicherweise tödliche Krankheit habe, die nach zwanzig bis dreißig Jahren ausbrechen könnte, das habe ich bis 1997 nicht gewusst. Ich war fassungslos, als ich im Jahr 2002 aus der Krankengeschichte erfuhr, dass der Verdacht auf eine chronische Hepatitis schon 1977 bestand. Es könnte sein, dass ich mich schon damals mit dem bis dahin nicht bekannten Hepatitis-C-Virus angesteckt habe. Bis zum heutigen Zeitpunkt hat sich bei mir der Übertragungsweg aber nie eindeutig klären lassen. Ich hatte nie besondere Symptome oder Beschwerden, nur am rechten Oberbauch hatte ich häufig unangenehme Druckgefühle, und meine Leberwerte waren immer hoch.

1997 suchte ich einen Facharzt auf, der für Infektionskrankheiten zuständig ist, und ließ mich von ihm beraten. Er klärte mich auf, dass Hepatitis eine Leberentzündung ist und dass dies zu dauerhaften Schäden führen könne. Das HC-Virus ist am heimtückischsten und gefährlichsten. Es wurde erst im Jahre 1988 mit Hilfe genetischer Methoden erkannt und ist seitdem als Erreger der bis dahin als Non-A und Non-B-Hepatitis bezeichneten Infektion bekannt. Aber bis zum jetzigen Zeitpunkt gibt es keinen Impfstoff dafür. Der Arzt erklärte mir, dass rund drei Viertel der Infektionen chronisch werden und dass die Leber nach zwanzig bis dreißig Jahren streiken könnte; das heißt, dass ich im schlimmsten Falle eine Zirrhose oder Leberkrebs bekommen könnte, was den sicheren Tod für mich bedeuten würde. Er versicherte mir: Wenn keine unvorhergesehenen Komplikationen aufträten, würde ich für viele Jahre in der Lage sein, ohne Medikamente die Infektion in Schach zu halten. Laut Aussage des Arztes wäre bei mir aufgrund der in der letzten Zeit fast immer normalen Leberwerte eine sonst angebrachte Behandlung mit speziellen Medikamenten nicht sinnvoll gewesen. Ich könne auch achtzig Jahre alt werden, sagte er mir; aber ohne entsprechende Therapie das Virus vollständig aus dem Körper zu entfernen, sei nicht möglich. Das war ein schwerer Schlag für mich, den ich zu verdauen hatte. Seit Jahren muss ich mich deshalb in regelmäßigen Abständen ärztlichen Kontrollen unterziehen, um den Verlauf der Krankheit zu beobachten.

Andere Krankheiten

Durch die Sucht habe ich mir nicht nur die Leber und die Hüften geschädigt, sondern es sind Jahre danach noch andere Krankheiten aufgetreten. 1997 haben sich meine Leberwerte zusehends verschlechtert, und ich musste mich im September 1997 einer Gallensteinoperation unterziehen. Nach einem Monat trat dann zum ersten Mal eine Bauchspeicheldrüsenentzündung auf, die sich im nächsten halben Jahr laufend wiederholte. Ich hatte wahnsinnige Schmerzen, magerte auf 54 Kilo ab und glaubte in manchen Augenblicken, dass jetzt wohl mein Leben zu Ende sei. Ich lag in den darauf folgenden Monaten öfters im Krankenhaus und konnte fast ein Jahr lang nicht mehr richtig arbeiten. Erst durch spezielle Untersuchungen ist es den Ärzten gelungen, die Ursachen der Bauchspeicheldrüsenentzündung herauszufinden, und sie haben mich durch mehrere Operationen wieder hergestellt. Außerdem bekam ich eine Hautkrankheit, die wahrscheinlich auf das Hepatitis-C-Virus zurückzuführen ist.

Gesunde Ernährung

Diese Erkrankungen waren eine neue Herausforderung für mich. Ich fing an, mich für hochwertige Nahrungsmittel zu interessieren. Ich habe mich in den letzten Jahren in der Ernährungskunde laufend fortgebildet, um viele Informationen zur Vorbeugung verschiedener Krankheiten zu sammeln. Diese Weiterbildung hat mir sehr geholfen und hat mich, was Ernährung anbelangt, zum Umdenken gebracht. Heute weiß ich, dass zahlreiche Krankheiten wie Diabetes, Herz-, Magen-, Darm- und Lebererkrankungen sowie Krebs – um nur einige zu nennen – auch ernährungsbedingt sein können. Durch gesunde Ernährung können meine Erkrankungen positiv beeinflusst und die Ausbreitung anderer Krankheiten sogar verhindert werden. Deshalb vermeide ich die Einnahme von tierischen Eiweißen und bin auf pflanzliche Eiweiße und Vollwertkost umgestiegen. Heute besteht meine Nahrung täglich aus verschiedenen Vollkornbroten, reichlich frischem Gemüse und frischem Obst, Nüssen aller Art und hochwertigen pflanzlichen kaltgepressten Ölen sowie verschiedenen Vollkornprodukten. Außerdem trinke ich viel Kräuter- und Früchtetee. Meine Mahlzeiten sind sehr vielseitig und schmackhaft. Was Lebensmittel anbelangt, achte ich auf Qualität und kaufe zu 95 Prozent nur mehr im Bioladen oder bei Biobauern ein. Aus eigener Erfahrung kann ich sagen, dass die Ernährung, die ich 1998 radikal umgestellt habe, bei mir zum Erfolg geführt hat. Mir geht es heute gesundheitlich eindeutig besser als die Jahre zuvor. Was heute die Menschen an Billigprodukten aus industrieller Fertigung so alles verspeisen, schreckt mich ab. Ich gebe mehr Geld für gesunde, naturbelassene Lebensmittel aus und verzichte lieber auf etwas anderes.

Homöopathie und Naturheilkunde

Seit 1999 bin ich in homöopathischer Behandlung und interessiere mich für die Naturheilkunde. Der Erfolg kann sich sehen lassen, denn seither brauche ich fast keine schmerzstillenden Medikamente mehr, die meine Leber schwer belasteten. Ich habe gelernt, mit meinem Körper bewusst und schonend umzugehen, und ich werde alles unternehmen, damit mir die Gesundheit noch lange erhalten bleibt.

Meine Zukunftsängste

Mit Ängsten habe ich in den letzten Jahren zu leben gelernt. Wenn sie auch unangenehm sind, haben sie andererseits doch auch wieder etwas Gutes. Denn sie zeigen mir, dass ich mit meinem Körper nicht mehr so umgehen kann, wie ich es in meiner Abhängigkeit getan habe. Wenn mich aus heiterem Himmel eine Angstattacke überfällt, versuche ich Ruhe und klaren Kopf zu bewahren. Ich versuche, mich ihr zu stellen, und suche sofort das Gespräch mit Vertrauenspersonen. Meine Zukunftsängste betreffen mit Sicherheit die Erkrankung der Leber und die der Beine und die Befürchtung, dass ich einmal ein Pflegefall werden könnte.

Noch Verlangen nach Drogen?

Diese Frage wird mir bei meinen Vorträgen oft gestellt, und ich muss sie mit einem Ja beantworten. Es mag zwar merkwürdig klingen, dass ich nach so vielen Jahren der Abstinenz immer noch das Verlangen nach Suchtmitteln habe, heißt aber nicht, dass ich wieder Drogen nehme. Die Empfindungen und Gefühle, die ich in meinen Tausenden von »Räuschen« erlebt habe, sind immer noch Bestandteil meiner Gedanken. Ich wäre unehrlich, wenn ich sagen würde, ich hätte kein Verlangen mehr; und im Unterbewusstsein wird mich dies mein ganzes Leben begleiten.

Beim Großteil meiner Rauschzustände erlebte ich eine angenehme Gefühlswelt, in der ich meine Probleme nicht mehr wahrgenommen habe. Die Flucht in die Phantasiewelt hat mir das Leben erträglicher gemacht und hat mir ein Glücksgefühl gegeben, das ich im Normalzustand nicht hatte.

Ich will mit meinem Bericht niemanden verunsichern oder gar die Drogen verharmlosen. Ich möchte nur darauf hinweisen, wie schwierig es ist, sich von ihnen zu trennen. Ich habe heute eine ganz andere Lebenseinstellung, andere Ziele und auch ein anderes Denken als damals und brauche deshalb dieses künstliche Wohlbefinden nicht mehr. Ich bin glücklich darüber, dass ich es so weit gebracht habe.

Mir wurde in den letzten Jahren bei besonderen Veranstaltungen und Feierlichkeiten öfters Alkohol angeboten.

Wenn ich mich in einer solchen Lage befand, erklärte ich, dass ich nur alkoholfreie Getränke zu mir nehme, und dies respektieren die Leute dann auch. Es besteht auch nicht die Gefahr, dass ich mich bei solchen Anlässen gehen lasse und rückfällig werde. Heute kann neben mir jemand trinken, und ich weiß zu unterscheiden, was gut und was nicht gut für mich ist. In meiner Abhängigkeit wäre dies unvorstellbar gewesen. Wenn ich mich in einer Gesellschaft befinde, in der mir das Trinken aufgedrängt wird, distanziere ich mich.
Heute kann ich noch nicht wissen, welche Schwierigkeiten oder welche unangenehmen Situationen im Laufe des Lebens auf mich zukommen werden. Wie ich mich dann verhalten werde, kann ich heute auch noch nicht sagen. Es kann sein, dass sich in solchen Momenten das Gehirn ausschaltet und ich nicht mehr in der Lage bin, klar zu denken. Ich hoffe aber, dass ich dann immer richtig reagiere und nicht wieder zu Drogen greife. Aber im schlimmsten Fall könnte so etwas durchaus möglich sein. Ich kenne die Gefahren, die auf mich zukommen würden, und das schreckt mich ab. Die Folgen eines Rückfalls wären verheerend. Ich würde mir mein eigenes Grab schaufeln.

Die Hoffnung und das Leben

Die Hoffnung ist für mich Glaube, Liebe und Friede, und sie verbindet mich mit Menschen. Sie ist für mich eine wertvolle Energiequelle, aus der ich reichlich schöpfen kann. Sie gibt mir Kraft und spendet Trost, und sie bedeutet für mich Freiheit und Leben.
In den letzten Jahren habe ich mich oft in schwierigen und kritischen Situationen (Krankheit und Trennung von meiner Familie) befunden. Hätte ich keine Hoffnung gehabt, wüsste ich nicht, was aus mir geworden wäre. Ich möchte auch alle ermutigen, die Hoffnung niemals aufzugeben.

In diesem stillen Winkel meines Heimes finde ich Zeit zum Lesen und Nachdenken – hier entstehen auch die Pläne für meine weiteren Aufgaben.

Das Leben in der Abhängigkeit war für mich die Hölle. Mein Körper war krank und meine Seele gebrochen, und ich war oft der Verzweiflung nahe. Ich konnte nicht leben wie normale Menschen, hatte manchmal keine Kraft und

keinen Mut mehr. Aber das Schlimmste war, dass ich jahrelang keine Hoffnung mehr hatte. Dadurch habe ich mir meine Jugend völlig zerstört. Ich wäre heute sicherlich nicht mehr am Leben, wenn ich später keine Hoffnung auf eine bessere Zukunft gehabt hätte. Dadurch habe ich zum Glauben, zu Gott und zu mir selbst gefunden. Ich habe einen neuen Lebenssinn bekommen, bin von den Drogen losgekommen, habe neue Freunde kennen gelernt, eine Familie gegründet, Arbeit gefunden und mir eine sichere Existenz aufgebaut. Sie war die treibende Kraft meiner menschlichen Veränderung, und sie gibt mir Mut zum Leben.
Außerdem noch: Ohne Hoffnung wäre dieses Buch nie geschrieben worden.

Mein persönlicher Einsatz in der Suchtvorbeugung

Aus einem ersten Vortrag im Jahr 1987 sind inzwischen viele Vorträge und Radiosendungen in ganz Südtirol geworden. In verschiedenen Fortbildungskursen habe ich mir das nötige Rüstzeug und Hintergrundwissen geholt und bin immer wieder in Schulen und bei Jugend- und Elterngruppen zu Gast. Aus eigener Erfahrung schildere ich, wie Menschen zu Drogen kommen, welche Wirkungen diese haben und worin die Ursachen liegen können. Ich merke, dass die Zuhörer betroffen sind, dass sie mich ernst nehmen, weil sie wissen, dass ich die Tatsachen bringe, wie ich sie erlebt habe.
Für mich ist mein Schicksal zu meiner Lebensaufgabe geworden. Ich schäme mich zwar wegen meiner Vergangenheit, aber ich habe dadurch die Möglichkeit erhalten, anderen Menschen zu helfen, und dies tue ich mit Freude. Manchmal erhalte ich Anrufe von verzweifelten Eltern von Drogenabhängigen und sitze dann stundenlang bei ihnen, um Auswege zu suchen. Das Einzige, was ich nicht geben kann, sind Garantien. Die eigene Bereitschaft jedes Abhän-

gigen ist die Voraussetzung, damit ihm geholfen werden kann. Jetzt widme ich einen erheblichen Teil meiner Freizeit – wenn die Kinder nicht bei mir sind – der Suchtvorbeugung, und dieser Einsatz gibt mir sehr viel.

Danksagung

Allen unten angeführten Personen und Institutionen, die am Zustandekommen dieses Buches mitgeholfen haben, spreche ich hier meinen aufrichtigen Dank aus:

- meinen Eltern Sebastian und Johanna; meinen Geschwistern Walburga, Monika, Markus, Roswitha, Martin und Ulrike möchte ich einen besonderen Dank aussprechen. Sie haben mir durch viele Gespräche geholfen, mich an meine Vergangenheit zu erinnern. Außerdem haben meine Eltern fast alle Dokumente und Unterlagen von meiner Kindheit bis zur Aufnahme in die Therapiegemeinschaft im Jahr 1984 aufbewahrt, und so konnte ich auf die Daten der damaligen Geschehnisse zurückgreifen. Ohne ihre Hilfe hätte ich dieses Buch nie schreiben können;
- der Sanitätsdirektion des Krankenhauses Brixen, die mir die verschiedenen ärztlichen Unterlagen (Krankengeschichten) von 1959 bis 1984 zur Verfügung stellte, sowie allen Ärzten und Psychologen, die mir mit Rat und Tat zur Seite standen;
- dem Polizeikommissariat von Brixen, bei dem ich großes Verständnis fand. Mir wurde geholfen, die Tathergänge zu rekonstruieren;
- meinen ehemaligen Freunden aus der Jugendzeit, mit denen ich von klein auf immer zusammen war. Sie schilderten mir interessante Situationen aus der Vergangenheit;
- meinen ehemaligen Schulkameraden, die ich jahrelang nicht mehr gesehen habe und die ich wegen dieses Buches aufsuchte. Auch ehemalige Lehrerinnen haben mir geholfen, mir meine Schulzeit wieder in Erinnerung zu rufen;
- der Mittelschuldirektion, weil sie mir die Einsichtnahme in die Protokolle und Register der Schuljahre 1970/71, 1971/72 und 1972/73 gewährt hat;

- meinen ehemaligen Arbeitgebern und Mitarbeitern, die mir schilderten, wie sie mich in der Zeit meiner Abhängigkeit erlebt haben.
- Ein besonderer Dank gilt meinem Schwager Luciano Della Pietra für die Fotos, und Frau Helga Federspieler, die mir geholfen hat, das Manuskript druckfertig zu machen.

Nachwort

Wenn ich auf meine Vergangenheit zurückblicke, läuft mir manchmal ein Schauder über den Rücken. Mir wird bewusst, wie sehr ich in meiner Jugend meinen Körper und meinen Geist ausgebeutet und missbraucht habe. Die Leserinnen und Leser dieses Buches haben nun aber auch erfahren, wie es mir dank fachkundiger Hilfe und Selbstdisziplin gelungen ist, mich von meiner schweren Drogensucht zu befreien. Für mich hat mein neues Leben einen tiefen Sinn bekommen, und ich möchte es weiterhin jeden Tag mit Dankbarkeit und Zufriedenheit genießen. Ich bitte Gott, dass ich noch lange gesund bleibe.
Vielleicht hat meine Lebensgeschichte die Leserinnen und Leser berührt und nachdenklich gemacht. Wenn sie dieses Buch für gut und sinnvoll halten, mögen sie es weiterempfehlen. Ich wünsche allen ein bewusstes Umgehen mit ihrem Leben und Gottes Segen für die Zukunft.

KONRAD FISSNEIDER
Brixen, September 2003